NICOLE BEISEL

Emetophobie

Die Angst, die auf den Magen schlägt

MASOU-Verlag

Das Buch

Emetophobie – Eine Angst, von der kaum einer je gehört hat. Oft kennen noch nicht einmal die Betroffenen selbst den Namen ihrer Erkrankung. Und dennoch leiden sie darunter.

Wie auch die Autorin Nicole Beisel. Sie selbst leidet seit ihrer Jugend unter dieser Angststörung, kennt den Namen aber auch erst seit etwa einem Jahr. Unverstanden von Freunden und Familie, kämpft sie sich täglich durch ihr Leben – Hand in Hand mit der Angst.

In diesem Buch erklärt sie die Symptome und Auswirkungen der Phobie und erzählt von ihrem Leben mit der Erkrankung. Auch möchte sie versuchen, Angehörigen und Freunden von Betroffenen die Augen zu öffnen, damit Betroffene endlich ernstgenommen werden können.

Erstausgabe 2016
Taschenbuch
MASOU-Verlag UG
Copyright © MASOU-Verlag UG
Coverfoto: Gleb TV
Druck: Frick Kreativbüro & Onlinedruckerei e.K.
ISBN: 978-3-944648-50-7

*Menschen dabei behilflich zu sein,
nicht von Ängsten zerstört zu werden,
ist das größte Geschenk überhaupt.*

Thich Nhat Hanh

Hinweis/Triggerwarnung: (Insbesondere für Betroffene!)

Mein Ziel ist es keinesfalls, irgendjemanden mit meinem Buch zu triggern oder gezielt für ein Stimmungstief zu sorgen - ganz im Gegenteil! - mein Ziel ist es, aufzuklären, Mut zu machen und Hoffnung zu schenken. Aber nichts desto trotz kann es passieren, dass die eine oder andere Textstelle auf manche Leser eventuell eine triggernde Wirkung hat.

Deshalb: Falls Sie merken, dass eine der Textstellen Sie zu sehr berührt, das Gedankenkarussell sich in Ihrem Kopf zu drehen beginnt, Sie in eine Abwärtsspirale geraten - dann tun Sie sich den Gefallen und legen das Buch beiseite, reden mit Ihren Freunden/Familie/einem Bekannten oder Therapeuten/Therapeutin darüber oder lenken Sie sich sonst irgendwie ab. Versuchen Sie auf keinen Fall, Ihre innere Anspannung zu übergehen oder auszublenden, denn das funktioniert erfahrungsgemäß eher selten und endet schneller, als man möchte, in einem Desaste

Vorwort

Ich habe lange mit mir gerungen, ob ich dieses Buch überhaupt schreiben soll und habe mich am Ende doch dafür entschieden. Emetophobie ist eine ernst zu nehmende Krankheit, ein Leiden, das mehr Menschen betrifft, als man annimmt. Viele leiden darunter, ohne den Namen dieser Erkrankung zu kennen. Meist vergehen viele Jahre oder gar Jahrzehnte, ehe man als Betroffener den Namen Emetophobie zum ersten Mal hört oder liest. Aus Scham wird diese Phobie vor Außenstehenden so gut es geht geheim gehalten. Von außen ist diese Angst kaum bemerkbar, es sei denn, bei Extremsituationen sind Angehörige oder Freunde anwesend, die erkennen könnten, dass möglicherweise etwas nicht stimmt. Doch was genau es ist, erfahren auch sie meist erst viel später, wenn überhaupt. Betroffene sprechen nicht gerne darüber, weil sie Angst haben, nicht ernst genommen und missverstanden zu werden. Sie schämen sich, vor etwas ganz Natürlichem eine solche Angst zu haben, ahnen schon, dass man sie für verrückt erklären würde, wenn sie davon berichten würden, weshalb sie oft ganz alleine leiden. Umso wichtiger ist es, dass auch gesunde Menschen von dieser Angst erfahren – damit sie betroffene Angehörige besser verstehen und ihnen helfen können, wenn Hilfe benötigt wird. Es wird Zeit, zu verstehen und verstanden zu werden.

Die Erkenntnis

Mein Herz rast, ich fange an zu schwitzen, obwohl es gar nicht so sonderlich heiß ist. Alles in mir verkrampft sich. Halte ich gerade die Luft an oder atme ich viel zu schnell? Ich zittere und würde am liebsten davonlaufen, ganz schnell, ganz weit weg. Doch selbst wenn ich fliehen würde, würden die Bilder noch lange in meinem Kopf bleiben. Das Geräusch würde ich wieder und wieder hören und der Geruch ließe sich nicht so leicht vertreiben.

Nur ein paar Meter von mir entfernt geschah gerade mein größter Albtraum: Jemand musste sich übergeben. Für andere völlig normal – für mich ein Zeichen, dass etwas nicht in Ordnung ist, denn normalerweise läuft die Verdauung in die entgegengesetzte Richtung.

Schnell wende ich mich ab und versuche, Abstand zu gewinnen. Es ist unser alljährliches Dorffest, ich bin mit meiner Familie hier und ich wusste, dass es passieren könnte, doch die Hoffnung, vor einem solchen Anblick verschont zu bleiben, war größer. Der Alkohol, von dem ich schon alleine wegen der Kinder nur eine ganz geringe Menge zu mir nehme, fließt hier in Strömen und vergiftet so manchen Körper. Ein Grund mehr für mich, Alkohol niemals in großen Mengen zu mir zu nehmen, denn schließlich könnte auch ich ihn nicht vertragen und würde mich selbst in derselben Situation wiederfinden wie der junge Mann ein paar Meter weiter. Mir ist tatsächlich nun ebenfalls übel, mein kleines Weingläschen kann ich schon gar nicht mehr anschauen. Stattdessen versuche ich mich auf meine Familie und die Unterhaltungen zu konzentrieren, doch das Geschehene bleibt noch eine ganze Weile in mir. Mein Mann weiß, wie unangenehm mir solche Situationen sind, doch er scheint den Vorfall nicht einmal bemerkt zu haben, während meine Gedanken nur noch genau darum kreisen. Und wieder liege ich an diesem Abend mit noch immer anhaltender Übelkeit im Bett und sehne mir den Schlaf herbei, der sich einfach nicht einstellen mag. Immer wieder habe ich diese schrecklichen Bilder im Kopf.

Dass mir abends übel ist, ist keine Seltenheit. Hin und wieder habe ich auch starke Bauchschmerzen oder Durchfall. All diese Beschwerden habe ich schon seit vielen Jahren. Ich kann schon gar nicht mehr zählen, bei wie vielen Ärzten ich deswegen schon gewesen bin, wie viele Untersuchungen ich schon über mich habe ergehen lassen müssen. Ich war bei Hausärzten, Spezialisten und sogar in der Deutschen Klinik für Diagnostik, doch alle sagten mir, ich sei gesund und hätte lediglich ein Reizdarmsyndrom. Die Übelkeit müsse von der Psyche kommen, vielleicht wäre es ratsam, diesbezüglich einen Psychologen aufzusuchen, um die Ursache für die Übelkeit herauszufinden und mit entsprechender Unterstützung daran zu arbeiten.

Als ich diesen Psychologen vor vielen Jahren tatsächlich aufsuchte, hatte ich noch keine eigene Familie. Ich steckte zu diesem Zeitpunkt in einer langjährigen Beziehung, in der ich nach all der Zeit nicht mehr sehr glücklich war, und diese Tatsache hat mein damaliger Therapeut als Ursache für mein Unwohlsein festgestellt. Ich sah ein, dass die Beziehung nichts Gutes mehr an sich hatte und trennte mich von meinem damaligen Partner. Von nun an war ich alleine, habe auch alleine gewohnt und fühlte mich frei. Zeitweise ging es mir tatsächlich besser, und ich fragte mich, ob das tatsächlich mein Problem gewesen war, der wahre Grund für meine Übelkeit. Ich fühle mich geheilt und meine Lebensfreude stieg wieder deutlich an. Doch nach und nach kamen alle Symptome wieder zurück. Konnte das wirklich ein Reizdarm oder Stress sein? Steckte nicht doch etwas anderes dahinter? Wie konnte eine so einfache Tatsache solche Beschwerden auslösen, vor allem über einen so langen Zeitraum?

Wieder ging ich zu verschiedenen Ärzten, doch das Ergebnis war wie immer dasselbe. Mal ging es mir schlechter, dann wieder besser, unabhängig davon, was ich tat, wo ich arbeitete, was ich aß oder trank.

2009 lernte ich meinen heutigen Mann kennen, die abendliche Übelkeit trat wieder öfter auf. Dabei war ich doch glücklich. So glücklich, dass wir bereits nach einem halben Jahr heirateten. Ich sprach mit ihm über meine Empfindungen, wenn es um Übelkeit oder Erbrechen ging, egal, ob es mich selbst oder andere betraf.

Manchmal musste ich nur Erbrochenes auf der Straße liegen sehen, und mein Tag war gelaufen. Ärzte und Kliniken konnten mir nicht helfen.

Ein kurzer Bericht im Fernsehen war es schließlich, der mir die Augen geöffnet hat: Ich hatte Angst. Einfach nur Angst. Angst vor der Übelkeit, Angst davor, dass ich oder andere sich übergeben könnten. Der Bericht handelte von einer Betroffenen, die dieselben Symptome hatte wie ich und die ebenfalls sehr unter dieser Angst litt. Ich habe mich in dieser jungen Frau wiedergefunden und musste mich nun dieser Tatsache stellen, dass man vor etwas ganz Natürlichem, das nun mal vorkommen kann, eine so große Angst haben kann, dass sie sogar in blanke Panik umschlägt.

Da war ich also, mit psychisch verursachten Problemen und einer Angst, die ich nicht beim Namen nennen konnte, denn der Bericht hat diese Erkrankung ebenfalls nicht beim Namen genannt, aber ich war trotzdem dankbar dafür, dass es nicht nur mir so ging, sondern dass auch andere diese Angst hatten. Plötzlich war ich nicht mehr alleine – und habe mich dennoch so gefühlt, denn auch wenn ich ab und an mit meinem Mann darüber reden konnte, fühlte ich mich doch nicht verstanden. Vielmehr war er des Öfteren enttäuscht, wenn ich eine abendliche Beschäftigung wie einen Kinobesuch oder einen Abend im Restaurant absagen musste, weil ich mich nicht wohl fühlte und ich Angst hatte, es könnte schlimmer werden und ausgerechnet dann „passieren". Von diesem Tag an lebte ich mit dieser Angst, weil ich wusste, ich kann nicht dagegen angehen. Es war, wie es war. Ich versuchte, die guten Tage für schöne Erlebnisse zu nutzen und weniger über meine Ängste nachzudenken. Die Ärzte sagten mir, ich sei gesund, Kameras und Schläuche haben es mir schließlich bewiesen. Kein Geschwür, keine Entzündung, nichts. Nur der Kopf.

Ich machte mir Gedanken, wie es nun weitergehen würde. Sollte ich noch einmal einen Psychologen aufsuchen? Könnte er mir helfen, nun, da ich wusste, woran ich wirklich litt und was wirklich behandelt oder gar bekämpft werden musste? Wohl kaum, denn Ängste sind da und sie verschwinden nicht einfach irgendwann.

Aber sie kam irgendwann. Ich muss 18 gewesen sein und war auf einer Geburtstagsfeier eingeladen. Plötzlich wurde mir richtig schlecht, sodass ich mich alleine in das Auto meines damaligen Freundes gelegt habe, bis er nachkam und mit mir ins Krankenhaus gefahren ist. Dort hieß es, es sei wohl eine Magen-Darm-Grippe. Es ist nichts weiter passiert, und ich bin mir auch nicht sicher, ob diese Diagnose je gestimmt hat, doch seitdem war die Übelkeit immer da, mal mehr, mal weniger. Und seit diesem Zeitpunkt hatte ich Angst.

Ich hatte Glück, was das Erbrechen betrifft. Ich kann mich nur an ganz wenige Situationen erinnern, in denen ich mich selbst übergeben musste. Einige Male als Kind und einmal an meinem sechzehnten Geburtstag. Ich hatte wenig gegessen, zu viel getrunken und mich einmal kurz übergeben. Danach war es vorbei, ich fühlte mich erleichtert, obwohl ich zuvor noch versucht hatte, es zu unterdrücken, und ich war hinterher schon wieder so nüchtern, dass ich glasklar telefonieren konnte. Ich konnte auch problemlos davon berichten, dass ich mich gerade übergeben musste. Meine Phobie hatte ich zu diesem Zeitpunkt noch nicht, die Übelkeit hatte ich lediglich als unangenehm empfunden.

Doch je älter ich wurde, umso ausgeprägter wurden mein Ekel und auch meine Angst. Heute bin ich dreißig, und seit meinem sechzehnten Geburtstag musste ich mich – toi, toi, toi! – nicht mehr übergeben, auch wenn ich schon einige Male tatsächlich schon ganz kurz davor war. Umso größer ist natürlich zwischenzeitlich die Angst vor dem Erbrechen, nun wo die Angst da und vor allem auch so ausgeprägt ist. Wie wird es sein, wenn es das nächste Mal passiert? Meist will ich gar keine Antwort auf diese Frage, aber trotzdem ist sie immer ein Teil meiner Gedanken in Bezug auf die Angst. Mittlerweile trage ich diese Gedanken seit vielen Jahren mit mir, sie sind meine ständigen Begleiter, wohin ich auch gehe. Ob eine besondere Feier ansteht, ein wichtiges Ereignis, das meine volle Aufmerksamkeit fordert, ein Fest, bei dem man sich gerne mal betrinkt oder auch im Alltag.

Zu Beginn meiner Phobie empfand ich sie noch als relativ harmlos. Mir war nur selten schlecht, und somit hatte ich auch nur selten Angst. Ich habe trotzdem versucht, mein Leben zu genießen, so gut es ging, besuchte Feste und große Veranstaltungen, habe eine Ausbildung begonnen und abgeschlossen und mich den Prüfungen gestellt, hatte wahnsinnig tolle Arbeitsplätze, die teilweise auch lange Zugfahrten mit sich brachten, die ich ebenfalls – bis auf die letzten Monate in meinem damaligen Job – problemlos gemeistert hatte.

Ein Kreislaufzusammenbruch im Zug auf dem Weg zur Arbeit hat mir einen Strich durch die Rechnung gemacht. Ich war spät dran, rannte vom Auto zum Bahngleis, um den Zug noch zu erwischen, und hatte zuvor noch nichts gegessen und nur wenig getrunken, dumm, wie ich damals war. Nur zwei Stationen später musste ich aussteigen, wobei ich mir von anderen Passagieren helfen lassen musste, weil mir schwarz vor Augen war und ich nichts sehen konnte, aber dringend aus dem Zug raus und an die frische Luft musste. Von diesem Tag an fühlte ich mich stets unwohl im Zug, hatte oft mit psychisch bedingter Übelkeit und Kopfschmerzen zu kämpfen und hatte natürlich auch Angst, erneut während einer Zugfahrt zusammenzubrechen oder mich sogar übergeben zu müssen. Dies war einer der Gründe, warum ich meinen sehr gut bezahlten Job in Frankfurt aufgab und mir eine Stelle in meiner Nähe suchte. Ich bin seitdem nie wieder in einen Zug gestiegen.

Die Phobie wurde schlimmer, je öfter ich mit der Übelkeit anderer Menschen konfrontiert wurde. Vor allem die letzten Jahre waren für mich sehr schlimm. Warum? Weil ich Kinder habe. Zwei Stück.

Natürlich kommt nun die Frage auf, wie man es schafft, sich gleich zwei Schwangerschaften zu stellen, wenn es nicht gerade unüblich ist, sich über Wochen und Monate hinweg zu übergeben, obwohl man eine solche Angst vor Übelkeit und ihrer möglichen Folge hat. Die Antwort ist ganz einfach: Wenn man sich ein Kind von Herzen wünscht, ist einem alles andere egal. Man würde alles auf sich nehmen, nur um eine eigene Familie gründen zu können. Ich wusste, ich wollte unbedingt ein Kind, und ich würde auch die Übelkeit und das Erbrechen auf mich nehmen, wenn ich am Ende dafür belohnt würde. Außerdem war es ein kleiner Trost für mich zu wissen, dass die Übelkeit oder das Erbrechen einen Grund hätte und dass das völlig normal gewesen wäre. Normalerweise ist Erbrechen ein Zeichen für eine Krankheit, einen Virus oder verdorbenes Essen oder möglicherweise auch eine Unverträglichkeit oder gar eine ernsthafte Vergiftung. Doch in diesem Fall wusste ich, dass die Schwangerschaft der Grund dafür gewesen wäre. Ein schöner Grund, nicht wahr?

Und so nahm ich es auf mich. Wir arbeiteten auf ein Kind hin und wurden nach einem Jahr des Sehnens und Hoffens belohnt. Ich war tatsächlich schwanger, ich trug mein erstes Kind in mir. Und ich hatte neben einer großen Angst auch großes Glück. Ich hatte schon versucht, mich auf das Schlimmste einzustellen, hatte viele Stunden über der Kloschüssel erwartet, doch nichts davon wurde Realität. Mein Kreislauf war weitestgehend stabil, übergeben musste ich mich kein einziges Mal und auch die Übelkeit hielt sich in Grenzen und trat nur bei unangenehmen Essensgerüchen auf. Ich überstand meine erste Schwangerschaft also sehr gut, wir bekamen einen gesunden kleinen Jungen, den ich vom ersten Moment an so unglaublich geliebt habe, wie ich noch nie jemanden geliebt habe. Er war glücklicherweise auch selten krank und wenn es ihn doch mal erwischt hatte, dann hatte er nur eine Erkältung oder Krupphusten. Als er sich während eines Hustenanfalls mitten in der Nacht auf mein Bein erbrach, erschrak ich zwar sehr, aber es war nicht so, wie ich es immer gekannt hatte. Es war nur der Abendbrei und ich wusste, dass der Husten den Würgereiz ausgelöst hatte und keine Erkrankung im Magen-Darm-Bereich vorlag. Dieser seltsame Gedanke hat mich getröstet und mich beruhigt, und es kam auch nicht wieder vor.

Nach einigen Jahren entschied ich mich dafür, es noch einmal zu versuchen. Wieder forderte ich mein Glück heraus. Wenn die erste Schwangerschaft so glimpflich verlief, könnte es beim zweiten Mal doch auch so verlaufen, oder nicht? Natürlich wusste ich, dass jede Schwangerschaft anders ist und dass diesmal alles anders sein konnte, doch die erste Schwangerschaft hat mir Hoffnung gemacht.

Außerdem war auch hier der Wunsch nach einem weiteren Kind wieder so groß und der Gedanke an die Normalität einer möglichen Übelkeit so beruhigend, dass ich mutig an die Sache heranging.

Das zweite Kind hat nicht so lange auf sich warten lassen wie das erste. Als wir von unserem zweiten Kind erfuhren, war es dennoch anders als beim ersten Mal. Viele Fragen tauchten auf, die mich verunsicherten. Schaffe ich das mit zwei Kindern? Werde ich es so lieben können wie meinen Sohn? Werde ich meinen Sohn danach noch so lieben wie bisher? Immer wieder sprach ich mir selbst Mut zu und war dankbar dafür, dass auch die zweite Schwangerschaft ohne große Probleme verlief. In den ersten Wochen verspürte ich lediglich einen Würgereiz im Hals, den ich so gut es ging zu unterdrücken versuchte. Nach vierzehn Wochen war aber auch dieses Gefühl weg und ich konnte die Zeit bis zur Geburt größtenteils genießen. Mein Sohn hat zudem ganz wunderbar auf die freudige Nachricht reagiert und meine Sorgen waren weit entfernt, erst recht, als wir erfuhren, dass unser Sohn bald der große Bruder eines kleinen Mädchens sein würde. Wir würden unser Pärchen haben, einen Prinzen und eine kleine Prinzessin. Das perfekte Glück, das war es in meinen Augen, und das ist es bis heute. Trotz der Angst vor der Geburt und der erneuten Gefahr des möglichen Übergebens währenddessen habe ich alles ein weiteres Mal gut überstanden. Unsere Familienplanung war somit abgeschlossen und ich war unendlich dankbar dafür, dass ich vor großer Übelkeit und Erbrechen verschont geblieben bin. Doch ich ahnte nicht, was noch auf mich zukommen sollte ...

Unser Sohn kam ein halbes Jahr später in den Kindergarten. Ich wusste, dass sich Kinder dort schnell mit Krankheiten anstecken, aber ich hätte nicht gedacht, dass es unseren Sohn dermaßen oft erwischt. Alle paar Wochen war er krank, kam mit Fieber, Husten und Schnupfen nach Hause und hat alles immer schön mit seiner kleinen Schwester geteilt, von Anfang an. So weit, so gut, Erkältungen sind lästig, aber zumindest für mich nicht weiter schlimm. Dass meine Tochter beim Husten hin und wieder würgen musste und dadurch ihre Milch nicht immer bei sich behalten konnte, tat ich damals noch als harmlos ab. Schließlich war ich das Spucken von ihr bereits gewohnt und es war kein Erbrochenes, wie man es von älteren Kindern oder Erwachsenen kennt. Außerdem wusste ich, dass es lediglich der Hustenreiz war, der den Mageninhalt wieder ans Tageslicht befördert hatte, womit ich meine Angst im Zaum halten konnte.

Im Februar kam unsere Tochter zur Welt, und im Oktober sollte sie getauft werden. Ein Ereignis, das ich voller Liebe mit viel Freude vorbereitet habe. Ich habe ihr ein Gedicht geschrieben, das ich gemeinsam mit ihrer Patin vortragen wollte, wir haben Dekomaterial gekauft und am Tag vor der Taufe den angemieteten Saal im Gemeindehaus geschmückt. Eine Woche zuvor war mein Sohn wieder mal erkältet gewesen, und als ich einen der Erzieher vor meiner Haustür traf, sagte er mir noch, dass im Kindergarten bei uns gegenüber gerade die Magen-Darm-Grippe die große Runde macht. In wenigen Tagen sollte dort der Fototermin der Gruppe meines Sohnes stattfinden. Es waren die ersten Kindergartenbilder für uns, und da unser Sohn zu diesem Zeitpunkt wieder gesund zu sein schien, schickten wir ihn zu dem Termin, ohne darüber nachzudenken, was passieren könnte. Er hat den Fototermin mehr oder weniger gut hinter sich gebracht, und am Tag darauf hat er fleißig geholfen, den Saal zu schmücken und die Dekoration auf den Tischen zu verteilen. Mir fiel auf, dass er an diesem Tag nicht gut essen wollte, aber unser Sohn ist ohnehin sehr penibel, was das Essen angeht, und so dachte ich, er hat einfach einen schlechten Tag. Mit Ach und Krach hat er eine Kleinigkeit gegessen, auch als wir am Abend noch unterwegs waren, um letzte Besorgungen zu erledigen. Nie hätte ich gedacht, dass er krank wäre oder sich gar mit der Magen-Darm-Grippe angesteckt hätte. Ich war wohl einfach zu zuversichtlich, hatte zu viel Hoffnung, habe meine Befürchtungen und Ängste verdrängt und mich stattdessen auf die bevorstehende Taufe konzentriert. Er hatte noch nie eine Magen-Darm-Grippe und ich dachte wohl, er würde sie auch nicht bekommen, denn er hat ja bis auf den Hustenanfall im Alter von einem Jahr auch sonst nie gebrochen. Doch zuhause angekommen, versuchte ich im Schlafzimmer, meine weinende und unruhige Tochter zu beruhigen. Sie weinte und schrie und ich hörte nicht, was im Wohnzimmer bei meinem Mann und meinem Sohn vor sich ging, wofür ich im Nachhinein sehr dankbar war. Nachdem sich meine Tochter weiterhin nicht beruhigen lassen wollte, lief ich wieder mit ihr ins Wohnzimmer, doch mein Mann hielt mich gleich zurück.

„Bleib am besten wo du bist, der Große hat hier gerade alles vollgebrochen."

Wie es mir bei diesen Worten ging? Ich weiß es noch ganz genau, als wäre es erst gestern gewesen. Augenblicklich fing ich an zu zittern, mein Herz raste, mir wurde plötzlich heiß und ebenfalls sehr übel. Tränen standen mir in den Augen. Ausgerechnet heute, nach einem so stressigen Tag und der Aufregung vor dem bevorstehenden, musste so etwas passieren. Wir waren zuvor in einem Fast-Food-Restaurant und ich hatte die Hoffnung, dass es nur davon kam und es meinem Sohn bald wieder besser gehen würde. Er hat den Tag über nicht über Beschwerden geklagt, auch nicht, als er keinen Appetit hatte. Er hat geschwiegen, vielleicht aus Angst, wir könnten mit ihm schimpfen. Mein Mann hatte sich um alles gekümmert und ich beschloss, mich zusammenzureißen und meine Tochter zu baden. Ich hoffte weiterhin inständig, dass es eine einmalige Sache war. Mein Mann kam mit meinem Sohn ebenfalls ins Bad, um ihn im Anschluss an das Baden unserer Tochter abzuduschen. Ich wusch meine Tochter gerade fertig ab, als mein Sohn sich neben mich stellte und sich noch einmal übergab. Für mich war es die Hölle. Ich musste meine Tochter festhalten, konnte weder fliehen noch ihm helfen. Ich habe am ganzen Leib gezittert und mich beeilt, damit meine Tochter fertig wurde, während mein Mann erneut alles gesäubert hat. Ich war froh, mich weiter um meine Tochter zu kümmern, doch wirklich ablenken konnte ich mich nicht. Als mir bewusst wurde, dass das nicht vom Essen kommen konnte, bin ich nervlich zusammengebrochen. Wir haben beide Kinder ins Bett gesteckt, doch ich wusste, dass mein Sohn nicht würde schlafen können. Als er sich auch im Bett weiter übergab, half ich, so gut es ging, doch es kostete mich unheimlich viel Überwindung. Immer wieder wurde mir selbst wahnsinnig schlecht und ich habe versucht, mich einigermaßen fernzuhalten, und habe stattdessen Sachen geholt und schmutzige Wäsche ausgewaschen, doch es nahm kein Ende. Immer wieder wurde er wach und übergab sich. Ich hatte wahnsinnige Angst, und ich kann noch nicht einmal sagen, wovor genau. Es war einfach die Tatsache, dass es passierte, dass es so oft passierte und dass ich ihm nicht wirklich helfen konnte, obwohl ich es so sehr wollte. Mein Mann hatte nur wenig Verständnis für mich, und auch heute kann er meine Ängste nicht ernst nehmen. Er hat sein Bestes getan und war für unseren Sohn da. Zwischendrin bin ich geflüchtet, um Ersatzbettwäsche bei meiner Schwiegermutter zu holen, die ebenfalls geschockt und auch traurig darüber war, dass es ausgerechnet am Tag vor der Taufe passieren musste. Ich weinte viel und war froh um jede Sekunde, in der ich nicht zuhause sein musste, dabei wurde ich gerade dort so dringend gebraucht. Zum Glück hat meine Tochter nichts von dem Tumult mitbekommen, aber ich wusste, dass ich so keine Ruhe finden würde in dieser Nacht. Mein Mann hatte bereits angekündigt, ebenfalls nicht an der Taufe teilzunehmen und sich stattdessen um unseren Sohn zu kümmern. Alleine die Tatsache, dass der Bruder und der Vater am Tag der Taufe fehlen würden, machte mich seelisch völlig fertig. Die wichtigsten Menschen im Leben meiner Tochter würden an ihrem großen Tag nicht dabei sein. Auch körperlich ging es mir noch immer sehr schlecht. Das Zittern ging nicht weg, mein Herz raste noch immer davon und kam doch nicht vom Fleck.

Irgendwann bat ich meinen Mann inständig, mit unserem Sohn zu seiner Mutter zu fahren, damit die Kleine und ich wenigstens eine einigermaßen ruhige Nacht hätten.

Ich weinte und flehte ihn an, zitternd und bebend. Schließlich brauchten meine Tochter und ich für den kommenden Tag eine Menge Energie, vor allem jetzt, wo ich alleine mit allem da stand. Erst die Taufe selbst, danach die Feier mit zahlreichen Verwandten, die aus allen Ländern angereist kamen. Nach einigem Zögern stimmte er schließlich zu. Wir packten unseren Sohn ins Auto und die beiden fuhren davon. Ich fühlte mich erleichtert und miserabel zugleich. Schickte meinen eigenen Sohn einfach weg, damit ich mich beruhigen konnte. Wie egoistisch konnte eine angeblich so liebende Mutter sein? Einerseits betrachtete ich es tatsächlich als wichtigen Grund, genügend Energie für den Tag der Taufe sammeln zu müssen, und doch war es eine Ausrede. Ich hätte meinen Sohn zuhause lassen müssen, mich um ihn kümmern und den kommenden Tag trotz allem durchstehen müssen, mit all meiner Kraft. Doch die hatte ich nicht. Ich hatte kaum Kraft, auf meinen Beinen zu stehen vor Angst. Ich wusste, dass ich nicht eine Sekunde schlafen würde, wenn ich die Nacht in der Nähe meines Sohnes verbringen müsste.

Dazu kam die Angst, er könnte – wie so oft – seine kleine Schwester angesteckt haben, denn er hatte sie vor ein paar Stunden noch liebevoll auf den Mund geküsst, wie er es immer so gerne tut. Sie selbst war jedoch, soweit ich sehen konnte, gesund und schlief auch relativ gut ein, trotz der ganzen Aufregung und meiner eigenen extremen Unruhe. Nachdem ich mit meiner schlafenden Tochter alleine war, spürte ich noch immer eine Art Erleichterung auf der einen, aber auch die ganzen Vorwürfe und die Angst auf der anderen Seite. Wie konnte ich ihn wegschicken? Wie konnte ich mich vor meiner Pflicht als

Mutter drücken? Ich wusste, dass meine Schwiegermutter sich gut um meinen Sohn kümmern würde, und auch mein Mann war da, um ihm beizustehen und ihm zu helfen. Dennoch wäre das alles meine Aufgabe gewesen. Aber ich habe mich ihr nicht gestellt. Weil ich keine normale Mama bin, die selbstlos für ihre Kinder da ist, denn ich bin eine Mama mit Emetophobie, und zu diesem Zeitpunkt war es mir beinahe egal, ob ich verstanden wurde oder nicht.

Nachdem zuhause etwas Ruhe eingekehrt war, versuchte ich endlich, mich hinzulegen. Das Zittern legte sich, das Herz beruhigte sich und auch das Schwitzen hörte auf. Die Übelkeit war noch immer da, teils durch das Gesehene, Gehörte und Erlebte und teils vor Aufregung davor, wie ich den kommenden Tag ohne die Unterstützung meines Mannes, dafür aber mit reichlich Vorwürfen überstehen sollte. Ich legte mich neben meine Tochter und weinte. Ich fühlte mich unendlich schlecht, war ein seelisches Wrack. An Schlaf war lange nicht zu denken, so aufgewühlt war ich. Ich machte mir immer wieder Vorwürfe, weil ich unseren Sohn trotz der drohenden Gefahr, die ich scheinbar nicht erkannt oder nicht ernst genommen habe, zu diesem Fototermin geschickt habe. Nur weil wir schöne Fotos wollten, hat er sich angesteckt. Ich hätte ihn schützen müssen, aber stattdessen habe ich meiner Tochter die Taufe versaut. Dass sie zu klein war, um es zu verstehen, und dass sie sich nicht würde erinnern können, war mir keinerlei Trost. Sie würde vielleicht später irgendwann nachfragen oder wir würden ihr davon erzählen. Vielleicht fragt sie eines Tages, warum es von der Taufe ihres Bruders so viele Fotos gab und von ihrer nur ganz wenige. Vielleicht wird auch sie mir eines Tages Vorwürfe machen, wer weiß das schon?

Irgendwann muss ich doch eingeschlafen sein, denn nachdem die Kleine nachts um eins zum Trinken wach wurde, kam sie um vier noch einmal und riss mich aus meinem wirren Schlaf. Trotz allem konnte ich noch ein wenig zur Ruhe kommen, bevor der Wecker klingelte. Benommen und noch immer mit unheimlich schlechtem Gefühl bereitete ich alles vor, kümmerte mich um die restliche Wäsche, die erneut alle schlechten Gedanken in mir hervorrief und machte mich fertig, ehe ich die Kleine weckte und ebenfalls für den großen Tag vorbereitete. Eigentlich hätte es mir Spaß machen sollen, sie in ihr Familientaufkleid zu stecken und sie hübsch herzurichten, doch es fühlte sich nicht richtig an, als wäre es kein guter Tag für eine Taufe nach dem, was in der Nacht zuvor passiert war. In Gedanken war ich bei meinem Sohn und fragte mich, wie es ihm wohl ging, wie schlimm die Nacht für ihn noch gewesen sein musste. Doch dann kam mein Mann plötzlich zur Tür herein. Unser Sohn habe noch zweimal gebrochen, einmal um eins und dann um vier. Wir machten noch Witze darüber, dass seine kleine Schwester zu denselben Uhrzeiten wach wurde. Dann ging mein Mann duschen, er war müde, aber er versprach mir, wenigstens für die Taufzeremonie in der Kirche anwesend zu sein, während die Oma weiterhin auf unseren Sohn aufpasst. So machte ich mich also mit der Kleinen auf den Weg, unterrichtete alle Verwandten darüber, was passiert war und dass mein Mann nachkommen würde. Mit gemischten Gefühlen saß ich in der Kirche und wartete und wartete, doch mein Mann kam nicht. Ständig drehte ich mich um und schaute zur Tür, doch sie blieb verschlossen. Auch die Verwandten wunderten sich, doch ich konnte ihnen keine Antwort geben auf die Frage, wo er denn nun blieb.

Ich saß vorne in der ersten Reihe und schaute aus Anstand nicht auf mein Handy. Immer wieder dachte ich an die vorangegangene Nacht und daran, dass ich meinen Sohn seitdem nicht mehr gesehen oder gesprochen hatte. Ich machte mir noch immer Sorgen und fragte mich zugleich, warum mein Mann nicht kam. Als die Taufzeremonie immer näher rückte, bekam ich Panik. War etwas passiert? Ging es meinem Sohn so schlecht, dass sie mit ihm ins Krankenhaus fahren mussten? Musste mein Mann doch wieder zurück zu ihm? Noch immer vermied ich einen Blick auf mein Handy, doch ich wusste, dass etwas nicht stimmen konnte, wenn mein Mann trotz seines Versprechens nicht auftauchte. Ich hoffte und betete und konnte meine Tränen nur mit größter Mühe unterdrücken. Mit schlechtem Gefühl und einer Menge Angst ging ich schließlich trotzdem die Stufen hinauf und trug gemeinsam mit der Patin, einer sehr guten Freundin von mir, das Gedicht vor, das ich für meine Tochter geschrieben hatte. Mit all meiner Kraft konzentrierte ich mich auf die Zeilen, die Anklang bei der Gemeinde gefunden hatten, wie mir tiefe Seufzer zum Ende des Gedichtes verrieten. Als es losging, bat ich den Lebensgefährten der Patin, mit uns zum Taufbecken zu kommen, damit er die Kerze hielt und ich nicht so ganz einsam und verloren dort oben wirkte. Ich kam mir vor wie eine alleinstehende Mutter, dankbar für eine Person mehr, die neben mir dort oben am Taufbecken stand.

So standen wir also da, drei Erwachsene und ein Baby, und ich fühlte mich unvollständig. Meine Tochter wurde getauft, ein einmaliges Ereignis in ihrem Leben, und die wichtigsten Menschen waren nicht da. Mein Mann fehlte, mein Sohn fehlte und ich machte mir Sorgen, weil nichts lief, wie es ursprünglich geplant war. Die Unwissenheit machte mich fertig, ständig malte ich mir schlimme Bilder aus. Ich konnte das Ende des Gottesdienstes kaum erwarten und war froh, als es endlich soweit war. Ohne auch nur für ein einziges Foto bereit zu stehen, drückte ich meinem Schwiegervater meine Tochter in die Arme und hastete mit meinem Handy hinaus. Als ich die zahlreichen Nachrichten las, stockte mir der Atem: Mein Mann hatte sich angesteckt. Ihm ging es ebenfalls sehr schlecht. Schnell rief ich ihn an, fragte nach unserem Sohn, der zwar müde und schlapp war, aber seit der Nacht nicht mehr gebrochen hatte. Zumindest diese Sorge wurde mir genommen und es bestand Hoffnung auf leichte Besserung. Scheinbar hatte er das Schlimmste bereits überstanden. Doch meinem Mann ging es sehr schlecht. Er war schon auf dem Weg zur Kirche, als er umdrehen musste und kreidebleich, wie mir erzählt wurde, in die Wohnung seiner Mutter stolperte und sich gerade noch so auf das Sofa fallen ließ. Da stand ich nun also, alleine mit allen Verwandten und Freunden und wartete darauf, dass wir den Gemeindesaal für die Feier betreten konnten, während meine Gedanken um diese unberechenbare Krankheit kreisten. Zorn stieg in mir auf. Warum gleich alle beide? Warum nicht nur mein Sohn? War die letzte Nacht noch nicht genug? Warum wurde ich dermaßen bestraft?

Ja, es kam mir in der Tat wie eine Strafe vor. Noch während ich in der Kirche stand, verlor ich endgültig den Glauben an Gott. Wie konnte er zulassen, dass meine Tochter ihre Taufe ohne Papa und Bruder erleben musste? Wie konnte er zulassen, dass zwei wahnsinnig wichtige Menschen im Leben meiner Tochter nicht Zeugen sein durfte, wenn sie ihren Segen erhielt?

Es half alles nichts. Wieder berichtete ich der Familie von den neuesten Ereignissen. Nun stand ich wirklich alleine da. Wie sollte ich das alles schaffen? Wir hatten am Vorabend die letzten Erledigungen nicht mehr geschafft. Es fehlten noch der Hochstuhl für die Kleine sowie das Reisebett, das noch bei meiner Schwiegermutter stand, ebenso wie der Kuchen und die Torten, die sie ursprünglich zur Taufe mitbringen wollte. Das Essen vom Caterer wurde erwartet, Geschirr musste bereitgestellt werden, Getränke wurden verlangt und der Sektempfang wartete auf mich, doch ich konnte kaum einen Schluck puren Orangensaft trinken. Außerdem musste ich mich auch um die Kleine kümmern, die langsam müde wurde, aber noch immer keine Möglichkeit hatte zu schlafen. Mein Schwiegervater besorgte den Hochstuhl, damit ich meine Tochter füttern konnte und mein Cousin fuhr kurz darauf mit mir zu meiner Schwiegermutter, um das Reisebettchen und den Kuchen zu holen.

Als ich die Wohnung betrat, wäre ich beinahe in Tränen ausgebrochen. Mein kranker Sohn auf dem Sofa, der sichtlich angeschlagen war und den ich noch nicht einmal in den Arm nehmen konnte aufgrund der Ansteckungs- und Übertragungsgefahr. Mein Mann, dem es gar nicht gut ging und der sich nun ebenfalls Vorwürfe machte, weil er mich nun im Stich ließ. Er sagte, er würde versuchen, gegen Abend kurz vorbeizukommen, wenn die ersten Gäste gegangen waren und es etwas ruhiger war, und mir Aufbewahrungsdosen für das übrig gebliebene Essen zu bringen. Schweren Herzens und ohne jegliche Berührung ließ ich meinen Sohn und meinen Mann zurück. Das Bild wich mir lange nicht mehr von meinem geistigen Auge. Die traurigen Augen meines Sohnes, der erschöpfte Blick meines Mannes, das Bedauern im Gesicht meiner Schwiegermutter.

Den Rest der Feier konnte ich nicht wirklich genießen. Ständig waren meine Gedanken bei meinem Sohn und meinem Mann. Die Erkrankung war das Thema Nummer eins, auch wenn über viele andere Themen gesprochen wurde. Ich habe mich geschämt, denn meine Familie kam aus vielen Ländern und Städten weit angereist, und ich war kaum in der Lage, zwei Sätze mit ihnen zu wechseln vor lauter Angst und Enttäuschung. Zum Glück gingen mir einige Familienmitglieder zur Hand, wenn es um das Spülen, Aufräumen oder Servieren ging. Auch meine Tochter war immer in Begleitung mindestens einer Person, die alle freudig die Arme nach ihr ausstreckten, um den Täufling einmal halten zu dürfen. Mein Appetit hielt sich in Grenzen, lediglich der Kuchen ging mir etwas leichter von der Gabel. Aufgrund der vielen fehlenden Personen – Oma und Uroma konnten ja ebenfalls nicht kommen – war tatsächlich eine Menge Essen übrig, das zum Wegwerfen zu schade war, aber das auch nur die Wenigsten mitnehmen konnten aufgrund von langer Heimfahrt und Hotelaufenthalten.

So erwartete ich sehnsüchtig die Tupperdosen, die mein

Mann mir bringen wollte. Ich telefonierte noch einmal mit ihm und er sagte mir zu, mir die Dosen schnell zu bringen, aber dann würde er gleich wieder gehen. Mein Mann kam auch, doch er konnte den Saal, in dem wir gefeiert, gegessen und getrunken hatten, kaum betreten. Er warf uns förmlich die Dosen entgegen und stürmte wieder hinaus, weil er den Geruch nicht ertragen konnte. Er war noch nicht einmal in der Lage, meine Familie aus dem Ausland zu begrüßen. Auch mit mir konnte er kein einziges Wort wechseln.

Der gesamte Tag war anstrengend gewesen, obwohl mir doch einige der Gäste unter die Arme griffen, so gut es ging und ohne darum gebeten worden zu sein. Trotzdem fühlte ich mich wie erschlagen. Ich konnte kaum etwas essen aufgrund der Krankheit, die meine Liebsten ereilt hatte und an der wir uns noch immer anstecken konnten. Mir war selbst noch immer übel, ich war müde und erschöpft und hatte noch immer Angst, mit dem Erbrechen konfrontiert zu werden. Auch die Vorwürfe in Bezug auf meinen Sohn waren noch immer da, und nun war da auch noch mein Mann, für den ich nicht da sein konnte, auch wenn er erwachsen war und ganz gut für sich selbst sorgen konnte. So gut es ging, hatte ich den Nachmittag hinter mich gebracht, habe trotzdem versucht, der besonderen Tag meiner Tochter zu feiern und mich auf meine Familie zu konzentrieren.

Als die Gäste gegangen waren und nur noch mein Schwiegervater mit seiner Frau sowie die Patin und ihr Lebensgefährte da waren, machte ich mich an die restlichen Aufräumarbeiten. Gemeinsam packten wir Müll weg, wuschen und trockneten das restliche Geschirr, packten ungeöffnete Getränke in mein Auto, ebenso die Wasserkästen und Weinflaschen und die Geschenke. Die Kleine war gut behütet, sodass ich schnell nach Hause fahren konnte, wo ich sämtliche Getränkekästen alleine bis nach oben in unsere Wohnung schleppte. Für mich als 42-Kilo-Gestalt eine echte Herausforderung, doch ich habe es geschafft, weil ich es schaffen musste. Zudem musste ich mich beeilen, denn auch die letzten Gäste wollten nach Hause.

Gemeinsam räumten wir die Stühle und Tische beisammen und säuberten sämtliche Flächen. Erschöpft bedankte ich mich für die Hilfe und ging ebenfalls nach Hause, wo ich versuchte, wenigstens noch eine Kleinigkeit zu essen, und mich dann endlich umzog. Mein Mann kam abends wenigstens kurz nach Hause, um nach dem Rechten zu sehen. Gemeinsam haben wir uns die ganzen Geschenke angesehen, die unsere Kleine bekommen hatte. Päckchen für Päckchen habe ich ihm gezeigt und ihm erklärt, was sie von wem bekommen hatte.

Kurz darauf lagen wir uns in den Armen, wo ich meine Tränen nun nicht mehr zurückhalten konnte. Es war mir fast schon egal, ob ich mich ansteckte, und ich hatte auch irgendwie keine große Angst mehr davor. Der Gedanke einer Ansteckung schien mir weit weg. Ich weinte und zitterte und sprach die Vorwürfe an, die ich mir machte, und auch mein Mann machte sich Vorwürfe, weil ich mich nahezu alleine um alles kümmern musste. Er hat mich auch gelobt und mir gesagt, ich hätte das gut gemacht und ich hätte alles richtig gemacht. Trotzdem fühlte ich mich wahnsinnig schlecht, und mein einziger Wunsch war es, dass die nächsten Tage und Wochen schnell und ohne weitere Vorkommnisse vorübergingen. Schweren Herzens verabschiedete ich ihn wieder zu seiner Mutter, damit meine Tochter und ich eine weitere ruhige Nacht hatten und wir uns nicht doch noch ansteckten.

Gegen halb acht, es wurde bereits dunkel, brachte ich meine Tochter noch einmal runter zu meinem Schwiegervater, der zum Glück mit uns im Haus wohnt, und fuhr mit einem Wäschekorb voll weiterer Plastikdosen wieder ins Gemeindehaus, wo ich einsam und alleine sämtliche Essensreste verpackte, bis alle Dosen voll waren. Der Wäschekorb, den ich dabei hatte, war vollgepackt bis oben hin und zudem nun wahnsinnig schwer. Ich konnte ihn kaum tragen, doch irgendwie musste das Essen in mein Auto und zuhause ins Kühlfach und in die Gefriertruhe. Ich war unendlich froh, als alles eingepackt war und ich meine Tochter in ihr Bettchen legen konnte. Mir ging es selbst noch immer schlecht, ich konnte noch immer nicht richtig essen und meine Nerven lagen blank. Nicht einmal ein Glas Sekt habe ich mir gegönnt, als ich versuchte, mich am Computer ein wenig abzulenken. Mein Mann schrieb mir noch, dass es unserem Sohn den Umständen entsprechend gut ginge und er sich zumindest auch den Tag über nicht mehr übergeben musste. Auch mein Mann blieb bislang davor verschont, doch es war noch nicht ganz überstanden.

Am Tag darauf kam er wieder nach Hause, doch es ging ihm noch immer nicht gut. Er legte sich ins Bett und ruhte sich aus. Auch wenn ich versuchte, etwas Essbares zu mir zu nehmen, hatte ich Angst, weil er mit der Krankheit, die mir mitunter die größte Angst bereitet, in unserem Bett lag, in dem Zimmer, in dem unsere Tochter und ich schliefen. Als ich mich am Abend darum bemühte, mir etwas zu essen zu machen, wurde ihm alleine vom Geruch dermaßen übel, dass er auf der Toilette heftig würgte, doch nichts geschah, denn sein Magen war leer. In Panik, die mich erneut ereilte, schnappte ich mir meine Tochter und lief nach unten zu meinem Schwiegervater und berichtete von dem, was oben gerade vor sich ging. Dann rief ich bei meiner Schwiegermutter an. Wenig später saß ich mit meiner Tochter im Auto, holte meine Schwiegermutter und meinen Sohn ab, fuhr mit ihnen wieder nach Hause, packte ein paar Sachen zusammen, stieg mit Kindern und Schwiegermutter wieder ins Auto und ließ meinen Mann alleine.

Die Angst war diesmal zwar nicht so groß wie bei meinem Sohn, aber sie war dennoch da. Außerdem hatte ich nun wirklich Angst, dass meine Tochter sich ebenfalls anstecken würde. Bislang war sie kerngesund gewesen und hatte ein normales Ess- und Trinkverhalten gezeigt, und so hatte ich die Hoffnung, dass das so bleiben und sie – und auch ich – es unbeschadet überstehen würde. Ich fühlte mich wie eine Versagerin, weil ich wieder flüchtete und wieder jemanden im Stich ließ, der mir wichtig war und dem es nicht gut ging, doch mein Mann zeigte Verständnis für mein Verhalten und meinte nur, ich solle versuchen, die Kleine zu schützen. Dennoch konnte ich einfach nicht glauben, dass der Albtraum kein Ende nehmen wollte. Die Vorwürfe fielen nicht von mir ab. Ich hoffte und betete, dass es keine weiteren Krankheitsfälle mehr geben würde. Umso dankbarer war ich dafür, wieder in der Nähe meines Sohnes zu sein. Ich hatte ihn so wahnsinnig vermisst und war froh zu sehen, dass es ihm langsam etwas besser ging, auch wenn ich noch immer die schrecklichen Bilder im Kopf hatte.

Am darauffolgenden Tag, also zwei Tage nach der Taufe, ging es ihm noch etwas besser. Unter normalen Umständen hätten wir ihn wieder zu uns nach Hause geholt, doch trotzdem beschloss ich aufgrund der Erkrankung meines Mannes, noch eine Nacht bei meiner Schwiegermutter zu bleiben.

Mein Sohn wurde den Tag über zunehmend gesünder und lebhafter. Auch die Oma blieb bislang verschont. An diesem Tag hatte mein Sohn zudem eine Routineuntersuchung beim Kinderarzt, die er gut gemeistert hatte. Meine Schwiegermutter begleitete mich und hütete während der Untersuchung meine Tochter. Als ich später wieder ins Wartezimmer kam, teilte meine Schwiegermutter mir mit, dass die Kleine zweimal ein wenig gespuckt hatte. Ich dachte mir nichts weiter dabei, weil sie in dem Alter öfter mal vom Essen aufstoßen und auch mal spucken musste, doch als sie dann auch zuhause ihren Brei ausgespuckt und dabei richtig gewürgt hat, war mir klar, was los war: Auch sie hatte es erwischt. Wieder verfiel ich in Angst und Panik und beschloss, mit ihr zuhause zu bleiben und nur meinen Sohn noch eine Nacht bei meiner Schwiegermutter zu lassen, damit er sich weiterhin erholen konnte und sich nicht gleich noch mal ansteckte.

Zum Glück war es bei meiner Tochter nicht allzu schlimm. Die Milch, die sie durch mich bekam, hat sie gut vertragen und auch Wasser konnte sie trinken. Auf Anraten des Arztes ließen wir feste Nahrung für die kommenden Tage weg, und so ging es ihr und auch meinem Mann nach einigen Tagen wieder besser. Auch mein Sohn fand wieder Appetit und plagte sich lediglich mit einem Husten herum, der ohne weitere Folgen blieb. Einige Tage nach der Taufe teilte mir die Patin mit, dass es auch sie erwischt hatte, allerdings wohl nicht ganz so schlimm. Einmal mehr war ich froh, dass ich wie durch ein Wunder gesund geblieben war, auch wenn es mir nicht sonderlich gut ging in den letzten Tagen.

Als wir endlich alle wieder beisammen waren und uns von den Strapazen erholt hatten, war ich unendlich froh. Und dennoch war nichts mehr, wie es war. Seit dieser schlimmen Nacht, in der mein Sohn so leiden musste, bin ich immer in Sorge vor einer neuen Erkrankung. Ich würde sogar behaupten, dass meine Phobie seitdem deutlich schlimmer geworden ist. Jeden Tag, wenn ich meinen Sohn in den Kindergarten bringe, geht mein erster Blick auf das Blatt Papier mit den Krankheitsfällen. Gab es hier kürzlich den Magen-Darm- oder gar den Norovirus? Gab es andere Krankheiten, bei denen Erbrechen auftreten kann? Die Kindergartengruppe meines Sohnes ist nicht sonderlich groß; sie wurde aus Platzmangel als zusätzliche Gruppe außerhalb des Hauptgebäudes, in dem er sich damals auch angesteckt hatte, untergebracht. Dennoch besteht die Gefahr einer Ansteckung.

Jeden Tag hinterfrage ich, was meine Kinder gegessen haben. Hatten sie einen guten Appetit? Haben sie leicht verträgliche Sachen gegessen und gut getrunken? Wirkten sie den Tag über schlapp, müde oder kränklich? Haben sie Fieber? An manchen Abenden, wenn die Kinder im Bett liegen, hoffe und bete ich, dass nichts passiert, und das meist nur wegen Kleinigkeiten. Nur, weil mein Sohn abends nichts Warmes essen wollte, bilde ich mir ein, ihm könnte schlecht sein. Oder weil er extrem müde wirkt, denke ich, er muss vielleicht brechen, traut sich jedoch nicht, etwas zu sagen, so wie letztes Jahr. Dabei ist er tatsächlich einfach nur müde. Wenn meine Kleine sich tagsüber mal verschluckt hat, denke ich, sie könnte wieder würgen und es könnte dabei passieren.

Ich achte automatisch auf jede Kleinigkeit und sehe Nichtigkeiten als große Gefahr an. Als Gefahr für meine Kinder, vor allem aber als Gefahr für mich, für „die mit der Angst".

Im Frühjahr war es tatsächlich noch einmal so weit. Die Kleine war stark erkältet, hatte sonntagmittags plötzlich Fieber und heftigen Husten bekommen. Wir hatten sie zur Oma gebracht, damit wir mit unserem Sohn auf das Stadtfest eine Ortschaft weiter gehen konnten, wir hatten es ihm versprochen und er hatte sich so gefreut. Wir wussten, dass die Oma sich trotz Erkältung gut würde kümmern können. Als wir auf dem Rückweg anriefen, um nach dem Rechten zu fragen, teilte sie uns mit, dass unsere Tochter sich zweimal beim Husten übergeben hatte, was aber nicht sehr schlimm gewesen wäre. Ich war augenblicklich beunruhigt und hatte so sehr gehofft, dass es wirklich nur vom Husten und dem darauffolgenden Würgereiz kam. Zuhause aß und trank sie trotz allem recht gut, sie lief auch freudig umher und wirkte trotz allem sehr fit, was mir vorübergehend neuen Mut schenkte.

Doch kurz nach dem Abendessen passierte es: Sie saß in ihrem Hochstuhl und sollte mit ihrem Bruder gemeinsam ihre allabendliche Fernsehrunde beginnen. Sie weinte und weinte und ließ sich nicht beruhigen. Sie weinte weiter und hustete und dann musste sie sich übergeben.

Sie würgte und erbrach sich und ich bekam sofort wieder Panik, denn diesmal hörte ich sofort, dass es nicht nur eine Folge des Hustenanfalls war. Auch das Weinen deutete darauf hin, dass ihr übel geworden sein musste. Mein Mann kümmerte sich schnell um sie, während ich mich darum bemühte, Schüsseln, Handtücher und frische Kleidung zu holen. Sogar unser Sohn sorgte sich um sie und besorgte ihr frische Kleidung, wofür ich ihm unendlich dankbar war, weil er half, so gut er konnte, obwohl er erst vier Jahre alt war. Ich selbst rannte mal wieder wie ein aufgescheuchtes Huhn durch die Wohnung. Mein Herz raste, ich schwitzte und zitterte und mir wurde ebenfalls übel vor Angst. Ich hörte, wie sie weiter kämpfte und hatte das Gefühl, es hört gar nicht mehr auf. Sie tat mir so leid, weil sie scheinbar nicht mal einen Moment zum Verschnaufen hatte. Es war furchtbar. Nach einer Weile hörte es doch endlich auf und wir beruhigten sie, bevor wir uns weiter um alles andere kümmerten.

Ich weiß nicht, wie ich es geschafft habe, aber ich habe einen Teil, der daneben ging, tatsächlich weggewischt, auch wenn ich viel lieber ganz weit weggelaufen wäre. Ihr großer Bruder hingegen war viel mutiger als ich und richtig tapfer. Ich war so stolz auf ihn und bin es auch heute noch, wenn ich an jenen Abend denke. Es schien tatsächlich aufgehört zu haben, und da ich ihr kurz vorher Medikamente gegen Husten und Fieber gegeben hatte und ich nicht wusste, ob ich ihr nun überhaupt noch einmal etwas geben durfte, holten wir die Oma zu uns, damit sie auf unseren Sohn aufpassen konnte und fuhren los. Auf dem Weg ins Krankenhaus schlief sie ein, und wir beschlossen, sie schlafen zu lassen und lediglich zur

Notapotheke zu fahren. Zuhause angekommen, legten wir sie direkt schlafen. Ihre Milch verweigerte sie, und auch Wasser wollte sie nicht, vielleicht aus Müdigkeit, aber vielleicht war ihr einfach noch übel. Jedenfalls schlief sie dann problemlos die Nacht durch.

Ganz im Gegensatz zu mir.

Wie immer kreisten meine Gedanken. Was war der Grund dafür gewesen, dass es passierte? Hatte sie die Medikamente diesmal nicht vertragen? Musste sie sich aufgrund des Fiebers übergeben? War es vielleicht doch wieder ein Magen-Darm-Infekt? Oder kam es doch nur von der Aufregung und vom Husten? Würde sie ihren Bruder oder auch uns anstecken? Wie würde es ihr am darauffolgenden Tag gehen?

Ich schlief kaum in dieser Nacht, obwohl alles ruhig blieb. Auch als sie am nächsten Tag noch immer Fieber hatte und deutlich angeschlagen war, war ich vorsichtig, vor allem, was das Essen betraf. Ich gab ihr leichte Kost und immer nur kleine Portionen, um das Risiko zu verringern. Medikamente gab ich ihr nur noch gegen das Fieber, und auch nur deshalb, weil sie sehr schlapp wirkte. Der Husten wurde ein wenig besser und auch das Fieber ließ zwei Tage später wieder nach. Als es ihr sichtlich besser ging und auch wir weiterhin verschont blieben, war ich sehr erleichtert.

Aber ich weiß, dass es solche Situationen immer wieder geben wird. Meine Kinder werden sich immer mal wieder übergeben müssen, ob mit oder ohne Vorwarnung, und ich weiß, dass ich wieder in Panik verfallen werde und ich mich zwingen muss, zu funktionieren, um sie nicht vollkommen im Stich zu lassen. Ob und wie ich das schaffen werde, weiß ich nicht, aber ich werde mich bemühen.

Viele werden jetzt denken: „Das hat sie doch schon vorher gewusst. Warum hat sie dann überhaupt Kinder bekommen?" Nun, ich habe Kinder bekommen, weil ich den Wunsch nach einer eigenen Familie verspürte und weil ich dachte, ich würde solche Situationen schon irgendwie überstehen. Außerdem hatte ich wohl gehofft, dass ich nur selten so etwas miterleben muss. Ein Irrglaube, wie ich heute weiß. Doch nun sind die Kinder da, und ich möchte keinen der beiden missen. Irgendwie muss ich die kommenden Jahre überstehen, und das werde ich auch, selbst wenn es mir dabei noch so schlecht geht, denn jede Krankheit geht irgendwann vorbei. Auch bin ich mir sicher, dass ich selbst eines Tages an einem solchen Infekt erkranken könnte, und nach all den Jahren ohne Erbrechen weiß ich nicht, wie ich mich in einer solchen Situation verhalten werde, aber daran will ich jetzt auch nicht denken. Stattdessen hoffe ich jeden Abend, dass meine Kinder, mein Mann und ich davon verschont bleiben und ich mich nicht wieder schämen muss, wenn ich mich verstecke, anstatt zu helfen, wenn es doch wieder passieren sollte.

Niemand ist alleine ...

... auch wenn man sich alleine und einsam fühlt, selbst lange, nachdem man endlich verstanden hat, was eigentlich Sache ist. Auch ich musste erst lernen, dass ich nicht die Einzige bin, die unter dieser Krankheit leidet und dass ich nicht vollkommen alleine mit meinen Ängsten und Gefühlen dastehe. Die Zahl der Betroffenen liegt bei den Frauen bei etwa 7 %, bei den Männern deutlich darunter bei etwa 3 %. Dennoch bedeuten diese Zahlen, dass Emetophobie häufiger auftritt, als der einzelne Betroffene es im ersten Moment erwarten würde. Viele kennen noch nicht einmal den Namen dieser Erkrankung, sondern sprechen in erster Linie von der „Angst". Auch ich habe erst vor einigen Monaten erfahren, dass man meine Angst beim Namen nennen kann und dass es noch viele weitere Betroffene gibt. Eine Suche bei Facebook hat mich auf die deutschsprachige Gruppe „Emetophobie" gebracht, der ich noch immer angehöre. Als ich Mitglied dieser Gruppe wurde, war ich gespannt, was mich erwarten würde, und ich wurde in vielerlei Hinsicht überrascht. Schnell fand ich heraus, dass es vielen so ging wie mir, manchen sogar noch viel schlechter.

Natürlich kannte ich zwischenzeitlich mein eigenes Verhalten, wenn es um dieses spezielle Thema ging, ich wusste, worin mich die Krankheit einschränkt und was ich trotzdem noch genießen kann. Trotz meiner Angst gehe ich auf Feste, ich trinke Alkohol in sehr geringen Mengen, bin ohne Desinfektionsmittel unterwegs, esse auch mal außerhalb und vertraue auf Geruch und Aussehen bei Nahrungsmitteln, die das Mindesthaltbarkeitsdatum bereits überschritten haben. Doch durch diese Gruppe konnte ich sehen, dass es auch ganz anders sein kann.

Strikte Ablehnung von Alkohol und Drogen, ständige Ausreden, um nicht auf die Geburtstagsparty der besten Freundin zu müssen, kein Verlassen der eigenen vier Wände ohne ein Desinfektionsmittel für die Hände, gegessen wird nur zuhause und Einkäufe werden regelmäßig kritisch begutachtet. Sogar auf die Temperatur im Kühlschrank wird geachtet und die Angst vor Nebenwirkungen von Medikamenten wie etwa Antibiotika wird weitläufig diskutiert. Einige Betroffene sind in therapeutischer Behandlung, manche wurden sogar stationär in einer Klinik aufgenommen. Viele gehen kaum noch aus dem Haus aus Angst, sich mit einem Infekt anstecken zu können, andere wiederum fürchten, dass „es" in der Öffentlichkeit passieren könnte, weshalb auch öffentliche Verkehrsmittel nach Möglichkeit gemieden werden. Zu groß wäre das Risiko, eine Panikattacke zu erleiden, zu erniedrigend die Scham, wenn es passiert. Die Angst nach außen zu kehren und für jeden sichtbar schwach zu sein, ist für die meisten undenkbar. Die meisten Beiträge in dieser Gruppe handeln jedoch von akuten Situationen, in denen z. B. ein Familienmitglied unter Übelkeit oder Erbrechen leidet und einem die Emetophobie das Blut in den Adern gefrieren lässt oder auch davon, dass den

Betroffenen aktuell selbst übel ist und sie gerade eine Panikattacke durchzustehen haben. In dieser Gruppe erhofft man sich Zuspruch, man sucht nach anderen Betroffenen, die einem Mut machen und einem sagen, dass schon nichts passieren wird und dass die Übelkeit sicher nur psychisch bedingt ist und von der Angst herrührt. Ablenkung wird empfohlen, oft auch ein Spaziergang an der frischen Luft, ein beruhigender Tee oder spezielle Atemtechniken.

Mir selbst hilft Ablenkung ganz gut. Da ich die Übelkeit meist abends verspüre, lese ich in solchen Situationen oder spiele ein Spiel auf dem Handy, bei dem ich mich konzentrieren muss. Damit lenke ich mich so lange ab, bis ich endlich müde genug bin, um einschlafen zu können. Am nächsten Morgen ist in der Regel alles wieder in Ordnung und ich frage mich wieder einmal mehr, wie ich am Abend zuvor so panisch hatte sein können, wo doch eigentlich klar war, dass nichts passieren würde.

Jedenfalls bin ich froh, diese Gruppe gefunden zu haben. Der Austausch mit anderen Betroffenen ist für mich persönlich sehr wichtig und oft auch hilfreich. Es tut gut zu wissen, dass es anderen ähnlich geht, auch wenn man sich vielmehr wünscht, dass es allen gut geht. Man beruhigt sich schneller, wenn andere einem die Angst ein wenig nehmen und einem Hoffnung auf schnelle Besserung schenken. Manchmal bekommt man auch neue Tipps gegen die Übelkeit und die Angst, die man zuvor noch nicht kannte. Auch wenn ich mittlerweile mit meiner psychisch bedingten Übelkeit relativ gut zurechtkomme, bin ich froh um jeden neuen Tag, der beginnt, denn erst dann fühle ich mich wieder deutlich besser. Die

Angst, es könnte doch etwas Ernstes sein, schwingt immer mit, aber sie vergeht in der Regel, wenn ich morgens aufwache.

Ich habe mich oft gefragt, was der genaue Grund für diese Angst ist, aufgrund welches Ereignisses ich diese Phobie entwickelt habe, doch ich habe keine Antwort darauf. Sie kam mit einem Anflug von Übelkeit und ist seitdem immer da. In meiner Kindheit gab es etwas, was vielleicht ein Grund dafür sein könnte, aber eigentlich kann ich mir das gar nicht vorstellen, denn als Kind kam ich wie jeder andere Mensch den Umständen entsprechend mit Übelkeit und Erbrechen zurecht. Zumindest hatte ich keine Angst, es gab keine Panikattacken, die mir im Gedächtnis geblieben wären. Ich wünschte, ich hätte schon gewusst, worunter ich wirklich leide, als ich damals den Psychiater aufsuchte. Anstatt meine Angst zu behandeln, wurde nur die Übelkeit – vorübergehend – behandelt oder vielmehr ergründet. Wäre ich damals nur so schlau wie heute gewesen …

Aber kann man Emetophobie wirklich therapieren? Gibt es tatsächlich einen Weg aus der Angst? Gibt es Hoffnung auf ein normales Leben ohne Einschränkungen und böse Gedanken? Ich selbst habe noch nicht von Heilungen gehört oder gelesen, aber es gibt wohl einige Betroffene, die nach einer Therapie besser mit ihrer Erkrankung umgehen konnten. Explizite Situationen machen ihnen plötzlich nichts mehr aus und auch das eigene Wohlbefinden hat sich gesteigert. Ich habe selbst schon überlegt, ob ich mich daran gewöhnen könnte, wenn ich mir ganz gezielt entsprechende Videos oder Filme anschaue, in denen erbrochen wird. Eine Konfrontationstherapie sozusagen. Doch bislang habe ich den Mut nicht gefunden, wahrscheinlich weil ich fürchte, es könnte hinterher noch schlimmer sein. Vielleicht, wenn meine Kinder etwas größer sind und ich mehr Zeit habe, werde ich erneut professionelle Hilfe aufsuchen in der Hoffnung, dass es noch nicht zu spät ist.

Immerhin komme ich ohne Medikamente aus. Nur in ganz extremen Fällen nehme ich etwas gegen die Übelkeit oder Bauchschmerzen ein, und meist versuche ich es zuerst mit homöopathischen Mitteln, ehe ich zu solchen greife, die man gerne mal bei Reiseübelkeit nimmt und die zudem richtig müde machen. Aber meine letzte Einnahme in dieser Hinsicht ist schon sehr lange her, und darauf bin ich sogar ein kleines bisschen stolz, denn immerhin weiß ich, dass ich es auch ohne die Produkte der Pharmaindustrie schaffen kann, sofern meine Beschwerden tatsächlich psychischer Natur sind. Und das sind sie in der Regel. Eine Tatsache, für die ich manchmal sogar dankbar bin. Denn lieber leide ich unter einer psychisch bedingten Übelkeit als unter einer, der eine ernsthafte Erkrankung oder ein Virus zugrunde liegt.

Und doch weiß man vor allem bei der Neuentdeckung der Erkrankung nicht, wie man damit umgehen soll. Da ist eine Situation, die einem Unbehagen bereitet und einen derart ängstigt, dass der ganze Körper verrücktspielt. Schmerzen treten auf, vielleicht auch Durchfall, Kopfschmerzen oder der Kreislauf macht schlapp. Und was macht ein Mensch in solch einem Fall? Natürlich, er geht zum Arzt. So wie ich damals. Doch mit einer einfachen Diagnose namens „Magen-Darm-Grippe" ist es nicht getan, wie man nach einiger Zeit feststellt. Die

Beschwerden treten häufiger auf, und die Krankenkarte kommt immer öfter zum Einsatz. Die Symptome sind dieselben, nur die Diagnose ist neu: Reizdarm oder auch Reizmagen.

Wie geht man mit dieser Feststellung der Ärzte um? Man achtet auf die Ernährung, stellt womöglich einige Gewohnheiten um, kocht bewusster und verzichtet öfter. Aber ist das wirklich die korrekte Diagnose? Die Übelkeit bleibt, Panik kommt auf, wenn eine Situation unangenehm wird und die Gedanken überschlagen sich. Wenn man merkt, dass mehr dahintersteckt, fällt es einem schwer, den Worten des Hausarztes Glauben zu schenken. Aber kann man sich ihm dennoch anvertrauen? Kann man wirklich offen sagen, dass man Angst vor etwas ganz Alltäglichem hat und dass man sich nach Hilfe sehnt? Nur die Wenigsten schaffen das, und die, die sich ihren Hausärzten öffnen, schaffen es oft auch zu einer Therapie, sofern der Hausarzt dies unterstützt und für ratsam hält. Wer einen Therapieplatz bekommt, kann sich gleich doppelt glücklich schätzen. Zum einen ist ein Therapieplatz mittlerweile schwer zu finden; zum anderen kann man stolz auf sich selbst sein, den Mut gefunden und den Weg bis dorthin geschafft zu haben.

Doch auch im sozialen Bereich gibt es Hürden zu meistern, sobald man seine Phobie als solche erkannt hat. Bislang wissen nicht allzu viele Leute in meinem engeren Umkreis von meiner Phobie, obwohl sie mich schon so lange begleitet. Mein Mann weiß davon, und auch meiner Schwiegermutter habe ich mich anvertraut. Meiner eigenen Mutter habe ich es erst vor einigen Tagen gesagt, doch sie ist zu sehr mit sich selbst und ihrer eigenen

Erkrankung beschäftigt, als dass sie sich tatsächlich um mich sorgen oder für meine Phobie interessieren würde. Außerdem weiß die Patin meiner Tochter von der Phobie, und sie zeigt Verständnis, wie auch meine Schwiegermutter. Mit den beiden kann ich darüber reden, ohne mich schämen zu müssen oder auf Unverständnis oder gar Ablehnung zu stoßen. Mein Mann hat weniger Verständnis für mich. Er weiß, dass es mir in akuten Situationen wahnsinnig schwerfällt zu helfen, aber er erwartet trotzdem von mir, dass ich – wie jede andere Mutter oder Ehefrau auch – meine Pflicht erfülle.

Ich erinnere mich an eine bestimmte Situation, als er mir mittendrin an den Kopf warf, dass er jetzt niemanden gebrauchen kann, der Angst davor hat, sondern jemanden, der mithilft. Und das habe ich getan, indem ich einfach funktioniert habe. Ich fühlte mich wie in Trance und habe getan, was zu tun war, und nachdem sich die Situation wieder gelegt hatte, ging es mir körperlich miserabel, was ich alleine versucht habe, in den Griff zu bekommen. Es folgte kein Gespräch, keine fürsorglichen Worte, keine liebevolle Geste. Ich habe versucht, mich zu beruhigen und auf Besserung gewartet. Noch ein Grund, weshalb ich froh bin, die Gruppe auf Facebook gefunden zu haben, denn dort geht es vielen wie mir. Wir Emos finden nur wenig oder gar kein Verständnis in der Familie oder im Freundes- und Bekanntenkreis. Wenn wir es endlich einmal schaffen uns zu öffnen, heißt es oft: „Stell dich nicht so an." Und genau das ist das, was wir am wenigsten hören wollen, denn wir stellen uns nicht an. Wir SIND so. Wir HABEN diese Phobie, und wir LEIDEN tatsächlich darunter, körperlich ebenso wie seelisch.

Kaum jemand, der nicht selbst unter der Emetophobie leidet, kann nachvollziehen, wie es wirklich für uns ist, wenn sich jemand übergibt oder wenn wir uns selbst übergeben müssen. Niemand kann verstehen, dass wir inmitten einer Panikattacke jemanden an unserer Seite brauchen, der uns beruhigt, uns wieder auf den Boden holt und für uns da ist. Viele werden denken: „Körperlich geht es ihr/ihm gut, die Attacke ist gleich wieder vorbei." Doch diese Angst richtet viel mehr in uns an, als Außenstehende annehmen. Die Übelkeit hält oft lange an, wird im Laufe der Zeit noch schlimmer. Das Zittern muss mühsam unterdrückt und die Atmung genauestens kontrolliert werden. Wir bemühen uns, uns auf ablenkende Dinge zu konzentrieren, um nicht völlig hysterisch zu werden und durchzudrehen. Während wir versuchen, den Würgereiz im Hals zu unterdrücken, schütteln andere nur den Kopf über uns. Viele glauben noch nicht einmal, dass diese Phobie wirklich existiert, weil kaum einer sie kennt. Sie denken, wir bilden uns das alles nur ein und verstehen nicht, dass wir Angst haben vor etwas ganz Alltäglichem. Ständig übergeben sich Menschen aus den verschiedensten Gründen, und niemanden scheint es zu jucken.

Bis auf uns Emetophobiker.

Uns juckt es ganz gewaltig, wenn jemandem übel ist oder wenn es uns selbst schlecht geht. Wir machen uns mehr Gedanken als andere Menschen, die nicht unter dieser Phobie leiden. Wir malen uns die schlimmsten Bilder aus und behalten sie ewig im Kopf, rufen sie immer wieder auf, wenn uns ein Grund hierzu gegeben wird. Und alles, was wir uns wünschen, ist ein kleines bisschen

Verständnis. Akzeptanz. Trost, wenn er nötig ist. Einen Ruhepol, an dem wir uns orientieren können, wenn uns die Luft zum Atmen weggenommen wird. Einen starken Felsen, an dem wir uns festhalten können.

Und plötzlich taucht diese ganz bestimmte Frage auf: Sind unsere Mitmenschen vielleicht gar nicht stark genug für uns? Überfordern wir sie mit unserer Phobie? Bringen wir sie vielleicht sogar selbst in eine hilflose Situation?

Es ist tatsächlich nicht selten der Fall, dass Angehörige von Betroffenen nicht wissen, wie sie mit ihnen umgehen sollen. Sie fühlen sich selbst hilflos, während sie zusehen müssen, wie wir leiden. Sie fühlen sich selbst schwach, weil sie für uns nicht stark genug sein können, weil sie nicht wissen, wie sie uns helfen können oder weil sie glauben, uns nicht helfen zu können. Sie denken, das muss ein Arzt oder ein Therapeut regeln, denn der hat ja schließlich Ahnung davon. Sie fühlen sich hilflos, weil sie wissen, dass sie uns nicht heilen und von unseren Ängsten befreien können. Doch dabei reichen oft schon Kleinigkeiten, wie eine tröstende Hand auf dem Rücken, ein liebevoller Blick in unsere Augen, um uns wieder in die „normale Welt" zurückzuholen. Aber viele können das einfach nicht.

Ich weiß von einer Mutter, deren Tochter unter Emetophobie leidet. Sie erzählte davon, wie hilflos sie sich fühlte, als sie bemerkte, dass mit ihrer Tochter irgendetwas nicht stimmte und niemand wusste, was es war. Sie sah ihre Tochter leiden und konnte ihr nicht helfen. Sie konnte nichts für sie tun und wusste nicht, wie sie sie unterstützen konnte. Bis irgendwann die Diagnose Emetophobie in ihr Leben trat. Doch auch diese Erkenntnis hat im Grunde nicht viel verändert. Nun wusste man zwar, was los war, und doch war es etwas, das man nicht einfach behandeln und ausstehen konnte. Nichts, was wieder vergeht, keine Wunde, die wieder heilt. Sondern eine ernsthafte Erkrankung, die man nicht unterschätzen darf, denn sie ist sehr vielseitig und zeigt sich in vielen verschiedenen Punkten. Was tut eine Mutter, deren Kind von dieser Phobie gequält wird? Sicher, sie gibt ihr Bestes und ist für ihr Kind da. Aber manchmal reicht auch das einfach nicht aus.

So wie ihr geht es sicher noch vielen anderen Angehörigen. Sie fühlen sich hilflos und geben die Hoffnung auf Besserung einfach auf, nehmen die Dinge so hin, wie sie sind. Ein Fehler, den wir als Betroffene zu spüren bekommen, denn auf diese Weise verschanzen sich Angehörige und Freunde hinter ihrer eigenen Mauer. Sie tun unsere Phobie ab und schieben sie und somit auch uns weit von sich, weil sie nicht wissen, wie sie damit umgehen sollen. Und das ist das, was uns am meisten verletzt. Wir fühlen uns nicht akzeptiert und unverstanden und in Extremsituationen einsam. Wie ein kleines Kind, das sich verletzt hat und um das sich niemand kümmern will, weil es zu laut weint, obwohl es nur ein winzig kleiner Kratzer ist. Aber dieser kleine Kratzer ist für uns Betroffene so viel mehr. Unsere heile Welt ist nicht mehr heil, unsere Psyche ist verletzt und unser Leben ist mehr oder weniger stark beeinträchtigt. Ob unser Leben noch lebenswert ist? Sicher, denn jeder hat irgendetwas oder irgendjemanden in seinem Leben, das oder der ihm wichtig ist. Ich zum Beispiel habe meine Kinder, und auch wenn sie für mich im Moment die größte Gefahr darstellen, bin ich wahnsinnig froh und dankbar, sie in meinem Leben zu haben, sie lieben und spüren und ihnen beim Lachen zuhören zu dürfen. Sie bringen mich mindestens ein Mal täglich zum Lachen und die Berührungen, mit denen ich ihnen zeigen kann, wie sehr ich sie liebe, beruhigen mich auf eine gewisse Art.

Und genau das brauchen wir Emos . Liebe, Geborgenheit, Sicherheit, auch wenn uns in manchen Momenten gar nichts mehr sicher erscheint. Aber Kinder verstehen unsere Angst nicht, es sei denn, sie leiden selbst darunter. Welcher Erwachsene möchte seinen Kindern gegenüber schon Schwäche oder Angst zeigen? Wer möchte den Nachwuchs mit den eigenen Problemen belasten, wenn er selbst doch der Fels in der Brandung sein soll, ein Halt für die Kinder? Ein Zwiespalt, in dem viele Erwachsene sich befinden, ob sie nun eigene Kinder haben oder nicht.

Schwäche zeigen ist out, jedenfalls glauben wir das. Lieber suchen wir uns eigene Methoden, um selbst mit unserer Phobie klarzukommen und uns in akuten Situationen selbst zu helfen.

Ich bin froh, dass ich mich zumindest auf Facebook innerhalb der Gruppe austauschen kann, egal ob es mich selbst oder mein näheres Umfeld betrifft. Dort hört man mir zu, man fühlt mit mir und steht mir bei, wenn ich Angst oder Panik habe. In manchen Situationen kann auch ich anderen Betroffenen helfen, indem ich versuche, ihnen Ratschläge zu geben oder von meinen eigenen Erfahrungen in bestimmten Bereichen berichte. Dennoch wünsche ich mir oft, ich hätte Menschen „zum Anfassen", die mich ebenso verstehen, denen ich mich ohne Hemmungen öffnen kann, ohne mich schämen oder gar rechtfertigen zu müssen. Eine Phobie kann man nicht rechtfertigen, sie hat uns fest im Griff und kommt oft so schnell, dass man es kaum realisieren kann.

Ich denke, niemand von uns wird sich gedacht haben: „Ab jetzt leide ich unter Emetophobie, ab jetzt geht es bergab mit mir und meinem Leben". Die Angst kommt unbemerkt und ist dann einfach da, schlummert heimlich, still und leise ins uns, bis zu einem ganz bestimmten Augenblick. Da kommt eine Situation, und plötzlich reagiert man nicht mehr so wie sonst. Man erkennt lediglich, dass sich irgendwann etwas verändert haben muss, dass sich irgendetwas in unser Leben geschlichen hat und nun sollen wir wissen, wie wir damit umzugehen haben. Eine Aufgabe, die uns einfach vor die Nase geknallt wird und auf die wir uns nicht vorbereiten konnten, und dennoch sollen wir uns mit dieser Aufgabe beschäftigen.

Aber wir wollen es doch gar nicht. Wir wollen keine Aufgabe lösen müssen, mit deren Fragestellung wir uns nie zuvor beschäftigt haben. Wir kennen weder die Lösung noch den Lösungsweg, auch eine Formel ist uns nicht bekannt. Es ist keine Grippe, die nach wenigen Tagen oder Wochen vorübergeht. Die Phobie ist von nun an unser ständiger Begleiter und ärgert uns nach Lust und Laune. Wir können uns nicht darauf vorbereiten oder sie erfolgreich und dauerhaft mit Medikamenten behandeln.

Viele Betroffene greifen irgendwann zu Antidepressiva und nehmen häufig Medikamente gegen Übelkeit und Erbrechen oder auch Durchfall oder Sodbrennen, denn all das sind Beschwerden, die unsere Angst schüren, die Panik in uns auslösen und uns zu Monstren werden lassen. Aber das Letzte, was wir wollen, ist uns als Monster zu zeigen. Denn ein Blick in den Spiegel zeigt uns: Wir sind liebenswert, trotz unserer Besonderheit. Seht, was wir sehen. Nehmt uns an, wie wir sind und helft uns, wenn wir Hilfe brauchen. Wir sind doch auch nur Menschen.

Gute und schlechte Tage

Die gibt es auch bei uns Betroffenen. Jeder normale Mensch hat mal einen schlechten Tag, und so haben auch wir Tage, an denen uns unsere Angst einen besonders langen Strich durch die Rechnung macht. Manche wachen schon morgens mit Übelkeit und einem Angstgefühl auf. Die Tagesplanung ist gelaufen. Die Arbeit wird zur reinsten Qual, das Familienleben zu einer harten Aufgabe, der schöne Abend im Kino oder im Restaurant rückt in weite Ferne. Am liebsten würden wir uns unter der Bettdecke verstecken und einfach warten, bis es wieder besser wird. Aber das geht nicht immer. Begleitet von unserer Angst bestreiten wir unseren Alltag, der uns all unsere Kraft raubt. Selbst nach einem anstrengenden Tag schaffen wir es abends oft nicht, uns zu entspannen und den ersehnten Schlaf mit offenen Armen zu empfangen. Die Angst wird schlimmer, Ablenkung muss her, bis uns schließlich doch noch tief in der Nacht die Augen zufallen. Am nächsten Morgen schütteln wir den Kopf darüber, weil uns unsere Angst wieder mal im Griff hatte und uns viele schöne Momente gestohlen hat, die wir hätten erleben können, würden wir nicht unter dieser Phobie leiden. Da hatten wir Angst, vielleicht sogar Panik, dass es uns „diesmal wirklich" erwischen könnte, und wieder mal ist nichts passiert, was unsere Angst begründen könnte.

Wie dumm wir doch manchmal sind, uns so unser Leben versauen zu lassen.

Aber solche Tage ermöglichen es uns, die guten Tage viel intensiver wahrzunehmen und sie zu genießen. Ein Morgen, an dem wir großen Appetit verspüren, ist wie ein Geschenk. Dass die Arbeit uns leicht von der Hand geht oder wir den familiären Alltag problemlos bestreiten und ihn in vollen Zügen genießen können, gibt uns wieder Hoffnung und Zuversicht. Ein Besuch im Restaurant, der uns auch hinterher keine Übelkeit bereitet, ist uns Gold wert, ein entspannter Abend vor dem Fernseher oder mit einem guten Buch in der Hand ein besonderer und wertvoller Moment.

Auch ich durchlebte in den letzten Tagen eine recht gute Phase, obwohl ich gerade kürzlich wieder mit meiner größten Angst konfrontiert wurde. Momentan sind beide Kinder krank. Meine Tochter lag am Vorabend mit Fieber im Bett. Die Angst, sie könnte brechen, war da, aber sie hatte mich nicht voll im Griff wie sonst üblich. Ich bin trotz aller Bedenken ruhig geblieben und war zuversichtlich. Auch als mein Sohn mitten in der Nacht mit sehr starkem Nasenbluten meinen Kreislauf auf die Probe gestellt hat, war ich zwar alarmiert, aber körperlich und auch psychisch sehr gefasst.

Und am nächsten Vormittag wurde meine größte Angst zur Realität: Meine Tochter hat sich übergeben. Auf sich, auf mich, während ich sie in meinen Armen hielt. Dennoch habe ich sie weiterhin gehalten und versucht sie zu beruhigen, habe sie gestreichelt, sie und mich ausgezogen und uns gewaschen. Natürlich stand ich in diesem Moment unter Hochspannung, denn ich befand mich mitten in einer Akutsituation, aus der ich nicht einfach fliehen konnte. Mein Herz schlug heftig und ich hatte gehofft, dass es bald ein Ende nimmt. Tatsächlich hat es nicht sehr lange angedauert, und als ich mich relativ problemlos um alles kümmern konnte, war ich sogar ein bisschen stolz auf mich.

Ja, wir sind stolz, wenn wir solche Situationen gemeistert haben und freuen uns über dieses kleine Erfolgserlebnis, während andere noch nicht einmal über ihre eigene Reaktion in solchen Momenten nachdenken. Wir freuen uns darüber, dass wir nicht in Tränen ausgebrochen sind. Wir freuen uns darüber, dass wir stark geblieben und nicht zitternd davongelaufen sind. Wir freuen uns, wenn wir standhaft bleiben und helfen konnten.

Dinge, die für andere eine Selbstverständlichkeit sind, werden für uns zu besonderen Erfolgen. Sie schenken uns Kraft und Energie, zeigen uns, wie stark wir trotz unserer Erkrankung sein können.

Auch als meine Schwiegermutter bereits vor einigen Wochen meinte, dass mein Sohn womöglich krank würde, weil er wenig essen und sich nach dem Kindergarten auf die Couch legen wollte, habe ich sie beruhigt und ihr gesagt, dass er ansonsten fit sei und da sicher nichts kommen würde. Er wirkte auf mich nicht kränkelnd, sodass ich frei von jeglicher Angst war. Ich, die normalerweise ständig Angst hat, dass sich etwas anbahnen könnte, habe eine Person ohne Phobie beruhigt. Ich habe sogar selbst daran geglaubt, dass die Nacht ruhig bleiben würde.

Und sie blieb ruhig. Ich hatte Vertrauen in meinen Sohn und in mich selbst, und es hat sich ausgezahlt. Ich hätte mich sicher geärgert, wenn ich wieder mit einer gewissen

Übelkeit stundenlang wachgelegen hätte und gelauscht hätte, ob „es" nicht doch passiert.

Natürlich hatte ich Angst, dass sich meine Tochter im Verlauf ihres grippalen Infektes noch einmal übergeben könnte. Auch hatte ich Angst, dass mein Sohn zu viel Blut geschluckt haben und sich ebenfalls erbrechen könnte. Aber ich glaube, es tröstete mich ein wenig zu wissen, dass es kein dauerhafter oder langanhaltender Zustand gewesen wäre, wenn es wieder passiert wäre. In der Situation bezüglich meiner Tochter konnte ich wieder sehen, dass ich vergleichsweise gut mit solchen Situationen umgehen kann, und somit wächst die Hoffnung darauf, auch beim nächsten Mal stark genug zu sein.

Die größte Angst, die bleibt, ist die Angst vor einer ernsthaften Magen-Darm-Erkrankung, denn hier weiß ich: Es wird nicht bei einem Mal bleiben. Es könnte ganze Nächte oder Tage dauern, bis sich die Lage wieder beruhigt. Als mein Sohn letztes Jahr daran erkrankt war, habe ich erkannt, dass ich der Lage nicht gewachsen war, und das sicher nicht nur wegen des zusätzlichen Stresses rund um die Taufe meiner Tochter. Und deshalb fürchte ich mich vor dem nächsten Mal, denn auch hier werde ich wahrscheinlich wieder nicht stark genug sein, um meine Angst zu bekämpfen.

Ja, die Dauer einer solchen Situation spielt bei mir persönlich wohl keine unerhebliche Rolle, wie ich nun erkennen durfte. Ist ein kurzfristiges Ende absehbar, bin ich einigermaßen beruhigt. Zumindest trifft dies auf meine momentane allgemeine Verfassung zu. Allerdings gibt es in letzter Zeit nicht viele Tage, an denen ich so positiv denken und ruhig bleiben kann.

Wenn ich einen schlechten Tag oder gar eine schlechte Phase habe, habe ich Angst vor jedem Geräusch, jeder Form von Appetitlosigkeit oder sonstigen Beschwerden, die meine Kinder mir versuchen mitzuteilen. Bei jeder Kleinigkeit bilde ich mir ein: „Heute passiert's". Und dann ist doch wieder nichts passiert.

Nun bin ich mittlerweile selbst erkältet, wahrscheinlich sogar ein hartnäckiger Virus, denn nun haben mich Schnupfen und Halsschmerzen gut im Griff. Hierzu kam eine sehr unangenehme Übelkeit, mit der ich schwer zu kämpfen hatte. Ich habe zu natürlichen Magentropfen gegriffen und mir gleich mehrere Tassen Zitronen-Ingwer-Tee sowie eine Ruhepause gegönnt, was mir zumindest eine vorübergehende Linderung verschaffte. Also doch wieder ein schlechter Tag, denn die Übelkeit kehrt gerade wieder zurück. An das Abendessen, das mir nun bevorsteht, darf ich gar nicht denken, höchstens an eine Kleinigkeit, damit ich etwas im Magen habe und ich wenigstens ein bisschen Energie tanken kann. Aber auch auf diese schwierige Zeit folgen wieder gute Tage, an denen ich stark bin und es mir wieder gut gehen wird.

Aber so spielt die Emetophobie ihre Spielchen mit uns. Diese Unberechenbarkeit macht mir zusätzlich Angst. Nicht zu wissen, wann sie mich wieder erwischt. Nicht zu wissen, wann ich mich wieder auf übertriebene Weise um die Gesundheit meiner Kinder sorgen werde. Nicht zu wissen, wann es wirklich passiert und wie ich diesmal damit zurechtkommen werde. Aber die guten Tage geben mir Hoffnung und zeigen mir, dass ich mein Leben dennoch genießen kann, wenn auch mit kleinen Einbußen.

Was genau macht uns Angst?

Diese Frage haben sich schon viele von uns gestellt, immer und immer wieder. Und bei vielen von uns fällt die Antwort ähnlich aus.

Was die Angst schürt, ist ein Zusammenspiel verschiedener Faktoren. Da ist dieser unfassbare Ekel, dieses Gefühl, das einen hilflos macht und einem sämtliche Energie entzieht. Das Gefühl macht uns bewegungsunfähig und selbst im Liegen ist es nicht besser. Dazu kommt das Unkontrollierbare. Wird es passieren? Wann wird es passieren? Wie lange wird es dauern? Ich werde es nicht stoppen können!

All das sind Gedanken, die uns meist den ganzen Tag lang und oft auch in der Nacht beschäftigen. Ein weiterer Punkt ist die Hilflosigkeit. Was, wenn ich es nicht mehr rechtzeitig ins Bad schaffe? Wer macht das alles sauber? Kann ich das alleine? Wie kann ich mich zur späteren Reinigung überwinden?

Einige haben vielleicht auch Angst, dabei zu ersticken. Sie fragen sich, ob es möglich ist, sich zu verschlucken, vor allem, wenn „das letzte Mal" schon länger her ist und man keine genaue Erinnerung mehr daran hat.

Andere befürchten, es könnte in der Öffentlichkeit passieren: auf der Straße oder in öffentlichen Verkehrsmitteln, in Geschäften, wo man etwas ruinieren könnte oder während der Arbeit vor den Augen des Chefs. Die Scham wäre unermesslich. Und schon befinden wir uns im Zwiespalt. Niemand soll uns so sehen, so hilflos und schwach, aber dennoch wollen wir in dieser Situation nicht alleine sein. Wir wollen jemanden bei uns haben, der uns hilft, uns Mut zuspricht und uns beruhigt. Doch auch hierbei gibt es Schwierigkeiten: Nicht jeder versteht uns Emetophobiker. Für viele ist es etwas Normales, Alltägliches.

Für uns ist es eine Gefahr, eine Situation, in die wir am liebsten niemals kommen möchten. Wir alle wünschen uns ein Leben ohne diese Phobie. Wir sind uns dessen bewusst, dass wir eine Krankheit nicht verhindern, dass wir diesen körperlichen Mechanismus nicht ausschalten können, was auch gut ist, denn das Ausschalten einer Schutzfunktion könnte fatale Folgen haben. Aber ich bin mir sicher, wenn jeder Emetophobiker einen Wunsch frei hätte, würde er sich wünschen, ohne diese Angst leben zu können und das Erbrechen als das zu sehen, was es ist: eine normale Reaktion unseres Körpers, die uns schützt.

Vor Fremdkörpern, vor Viren, vor giftigen Substanzen.

Für viele ist das Erbrechen nur ein Schutz.

Für uns Emetophobiker ist es viel mehr als das.

Mein Leben mit der Phobie

Ein Leben ohne diese Phobie wäre mir deutlich lieber, aber sie ist nun mal ein Teil von mir und wenn ich mir selbst einen Gefallen tun will, muss ich das akzeptieren. Einige denken, ich gebe einfach kampflos auf, anstatt zu versuchen, die Emetophobie zu bekämpfen oder sie zumindest behandeln zu lassen.

Wie ich bereits berichtete, habe ich vor vielen Jahren schon einen Psychologen aufgesucht. Allerdings hatte ich damals noch keine Kenntnis von der Erkrankung, kannte noch nicht einmal ihren Namen. Auch der Psychologe kam nicht auf die Idee, dass ich unter Emetophobie leiden könnte, obwohl ich ihm von meinen Ängsten und Gefühlen berichtete. Es wurden lediglich die Übelkeit selbst sowie deren Ursache erforscht. Dass ich unter einer Phobie leide, die diese Übelkeit in den meisten Fällen hervorruft, musste ich selbst herausfinden. Mein Vertrauen in professionelle Hilfe war somit dahin.

Ja, vielleicht habe ich kampflos aufgegeben. Vielleicht nehme ich meine Angst nicht ernst. Vielleicht sollte ich etwas dagegen unternehmen. Eine erneute Therapie, Hypnose oder gar ein Aufenthalt in einer Klinik.

Vielleicht ist das aber auch alles gelogen.

Ich nehme meine Angst sehr wohl ernst. Einen Therapeuten zu bekommen, ist nicht leicht, wie einige vielleicht aus eigener Erfahrung wissen. Auch ein Platz in einer Klinik ist nicht immer in greifbarer Nähe. Außerdem ist es schwierig, sich in eine Therapie zu begeben, wenn man für zwei kleine Kinder sorgen muss und so was wie einen Job hat, erst recht, wenn man – wie ich – selbstständig ist. Eine Auszeit, um eine lästige Phobie behandeln zu lassen, ist für mich persönlich undenkbar. Auch mit Medikamenten muss man vorsichtig sein.

Mit Glück kann ich von mir behaupten, dass die Emetophobie mein Leben nicht allzu sehr beeinträchtigt. Ich führe meinen Alltag, so gut es geht, kümmere mich um meine Familie, den Haushalt, die Arbeit. Sofern es mir möglich ist, gönne ich mir etwas Zeit für mich. Sei es eine Tasse Tee, die ich genieße, eine heiße Dusche, die ausnahmsweise einmal fünf Minuten länger dauert, ein gutes Buch vorm Schlafengehen, das Lieblingslied in der Endlosschleife. Ich kann auswärts essen, ohne Angst zu haben, mir den Magen zu verderben. Ich kann auf unser Dorffest gehen und mein Gläschen Wein trinken, ohne mich von möglichen Alkoholleichen davon abhalten zu lassen. Ich gehe ohne Desinfektionsmittel aus dem Haus und bekomme keine panischen Anfälle in Krankenhäusern oder Arztpraxen, weil da etwas sein könnte, womit ich mich anstecken könnte, auch wenn ich dennoch vorsichtig bin. Bei Lebensmitteln, die das Mindesthaltbarkeitsdatum überschritten haben, vertraue ich auf meine Sinne, anstatt gleich alles Abgelaufene im Mülleimer zu verbannen.

Ich tue also mein Bestes, um mit der Angst zu leben. Es ist nicht immer einfach, aber es ist auch nicht sonderlich schwer, wenn man weiß, worauf man achten muss. Jeder

Betroffene hat seine eigene Art und Weise, mit seiner Erkrankung umzugehen. Einige sind stärker betroffen und wirken daher empfindlicher, bei anderen hält sich die Phobie in Grenzen, sodass sie recht gut damit klarkommen und sich selbst schnell helfen können, wenn es mal ernst wird. Jeder Betroffene hat die Möglichkeit, etwas zu finden, was ihm in akuten Situationen guttut. Und damit lassen sich zumindest die schlechten Zeiten relativ gut überstehen.

Ich weiß gar nicht, was schlimmer wäre: Wenn ich mich selbst übergeben müsste oder die Tatsache, dass meine Kinder sich mal wieder übergeben könnten. Da ich selbst seit vielen Jahren davor verschont bleiben durfte, kann ich diese Frage kaum beantworten. Ich weiß nur, dass ich in Angst verfalle, wenn ich selbst eine Übelkeit verspüre, die sich nicht nur im Hals als eine Art „Zuschnüren", sondern auch im Magen bemerkbar macht. Genauso verfalle ich aber auch in Panik, wenn meine Kinder sich übergeben müssen, auch wenn es schon Situationen gab, in denen ich trotz allem gefasst war und nicht allzu panisch reagiert habe, wie kürzlich bei meiner Tochter.

Dennoch wage ich es weiterhin zu behaupten, dass meine Kinder für mich die größte Gefahr darstellen, und das wird auch noch eine ganze Weile so bleiben. Die Tatsache, dass sie sich teilweise nicht richtig äußern können oder wollen, dass ich es nicht voraussehen oder kontrollieren kann, macht mich nervös. Vor allem der Umstand, dass bald auch meine Tochter die Kindertagesstätte besuchen wird und sich das Ansteckungsrisiko somit erhöht, jagt mir Angst ein, denn dort ist die Magen-Darm-Grippe so gut wie sicher. Zudem werden meine Kinder allgemein schnell krank, obwohl wir alles versuchen, um das Immunsystem zu stärken.

Dennoch muss ich damit zurechtkommen. Für das nächste Mal kann ich nur hoffen, dass ich nicht komplett die Nerven verliere und die Krankheit schnell vorübergeht. Bis dahin werde ich mich weiterhin mit meiner Phobie auseinandersetzen, mich mit anderen Betroffenen austauschen, Methoden finden, die mir helfen, mich in Extremsituationen zu beruhigen und besser mit meiner Phobie klarzukommen und auf das Gute hoffen.

Ich werde versuchen, so oft wie möglich stark zu bleiben. Für meine Kinder, für mich.

Vielleicht werde ich eines Tages von dieser Krankheit geheilt sein, wer weiß das schon? Ganz ausschließen kann man es nicht, auch wenn die Wahrscheinlichkeit wohl nicht sehr hoch ist. Vielleicht komme ich irgendwann einmal doch noch in den Genuss einer vernünftigen Therapie. Vielleicht wird es im Laufe der Zeit auch besser, harmloser in meinen Augen.

Ich weiß nicht, was das Leben noch für mich bereithält, aber ich weiß, dass dort draußen viele Höhen und Tiefen auf mich warten. Und in diesem Moment erkenne ich, dass meine Phobie eigentlich gar nichts Besonderes ist: Denn wie alle andere Menschen auch, muss ich lediglich die Tiefen überstehen und versuche mich an den Höhen zu erfreuen. Jeder Mensch kann die schönen Momente genießen.

Warum also nicht auch wir?

Nachwort

Mit diesem Buch möchte ich Betroffenen helfen und Angehörigen und Freunden die Augen öffnen. Emetophobie ist weiter verbreitet, als man glaubt. Nicht selten bekommen vor allem nahe Angehörige ebenfalls Angst, wenn sie von der Erkrankung eines Familienmitgliedes erfahren.

Dabei ist diese Angst völlig unbegründet.

Liebe Angehörige, liebe Freunde, bitte helft uns, indem ihr einfach für uns da seid, mit uns über die Krankheit sprecht und nicht vor uns flüchtet. Wir können nichts für diese Krankheit. Helft uns im Kampf gegen die Phobie und zeigt ein wenig Verständnis, wenn wir andere Ansichten haben als ihr. Wir sind nicht besonders; wir sind lediglich ganz normale Menschen mit einer kleinen Besonderheit. Und hat nicht jeder Mensch diese kleinen Besonderheiten? Macken oder Gewohnheiten, die einen Menschen ausmachen?

Auch wenn wir es uns nicht ausgesucht haben, gehört diese Krankheit zu uns und unserem Leben. Mit aller Kraft versuchen wir, das Beste daraus zu machen. Doch gemeinsam schafft man mehr, nicht wahr?

Ich hoffe, ich konnte anderen Betroffenen helfen. Vielleicht auch denjenigen, die erst seit kurzem mit dieser Tatsache, dass sie ebenfalls unter Emetophobie leiden, konfrontiert wurden. Traut euch, vertraut euch jemandem an, sprecht eure Ängste und Bedenken offen aus. Auch kann es hilfreich sein, eure Gedanken aufzuschreiben. Versteckt euch nicht vor eurer Angst, sie hat euch – und – ohnehin längst gefunden. Holt euch Hilfe, wenn ihr merkt, dass ihr alleine nicht zurechtkommt. Bittet Angehörige oder Freunde um ein offenes Ohr, um ein klärendes Gespräch oder auch nur um eine stumme Umarmung.

Denn nur, wer sich öffnet, kann verstanden werden.

Danksagung

Mein Dank gilt meinen Lesern, die bis zur Veröffentlichung dieses Buches nichts von meiner Erkrankung wussten. Ich hoffe, ihr denkt nun nicht anders über mich als zuvor. Denn ich bin noch immer derselbe Mensch, der ich vorher war.

Ein ganz besonderes Dankeschön geht an die Facebook-Gruppe „Emetophobie". Ich danke den Mitgliedern für die Existenz der Gruppe, für all die guten Ratschläge und die offenen Ohren und Augen, für den Zuspruch und den Mut, den ich zeitweise durch sie erlangen konnte. Auch danke ich der Gruppenleiterin für die Erlaubnis der Nennung in diesem Buch. Ich hoffe, dass wir weiteren Betroffenen ein kleines bisschen Angst nehmen und sie dazu bewegen können, sich uns oder auch anderen Betroffenen zuzuwenden.

Weiter danke ich denjenigen, die mich verstehen oder die es zumindest versuchen. Ich kann mir vorstellen, dass es nicht leicht ist, mit mir zurechtzukommen, gerade in akuten Situationen. Es gibt nicht viele Menschen, die mich und meine Angst verstehen, aber dennoch bin ich dankbar für das Verständnis, das mir entgegengebracht wird.

Und ich danke meinen Kindern, die trotz allem ein Segen für mich sind. Egal in welche Situation ihr mich auch bringt: Euer Lachen macht alles wieder wett. Ich liebe euch in jeder einzelnen Sekunde!

Nicole Beisel wurde am 04.02.1986 in Ludwigshafen am Rhein geboren. Nach ihrem Realschulabschluss absolvierte sie eine Ausbildung zur Rechtsanwaltsfachangestellten. Im Anschluss daran zog es sie nicht nur des Berufes wegen in die südhessische Richtung, wo sie noch heute mit ihrer Familie lebt.

Den Beruf der Rechtsanwaltsfachangestellten übte sie noch viele Jahre aus. Unterbrochen wurde ihre Tätigkeit durch zwei Schwangerschaften. Nachdem das zweite Kind auf der Welt war, machte sie sich als Korrektorin und Werbetexterin selbständig. Ihre Tätigkeit als Autorin begann sie jedoch bereits während ihrer Tätigkeit in einer Kanzlei. Das Lesen begleitet sie von Kindesbeinen an und ist auch heute noch – neben dem Schreiben – ihr größtes Hobby.

Das Lesen von Romanen war es, das in ihr den Wunsch erweckt hat, selbst solche Geschichten zu erschaffen, sodass sie vor 5 Jahren mit dem Schreiben ihres Debütromans »Dieser eine Brief« begann. Viele weitere Romane folgten, die alle im Selfpublishing veröffentlicht wurden. Ihr neues Buch »Emetophobie - Die Angst, die auf den Magen schlägt« ist das dritte Werk, das über einen Verlag – unseren Masou-Verlag – veröffentlicht wird.

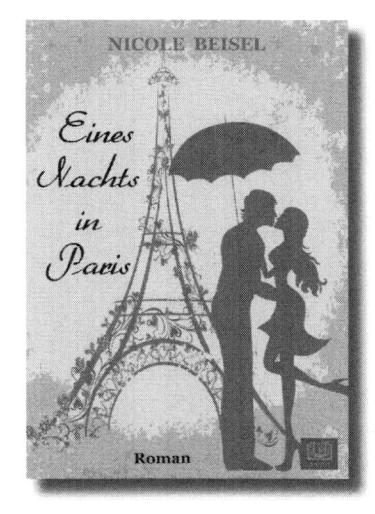

Taschenbuch,
274 Seiten
ISBN: 978-3-944648-58-3
Preis: 10,90 Euro
Erschienen:
September 2016

Eines Nachts in Paris

Paris – die Stadt der Liebe. Doch Jerome glaubt nicht mehr an den Zauber der Stadt, denn er selbst hat seine Liebe aufgrund eines folgenschweren Fehlers für immer verloren. Geplagt von Schuldgefühlen geht er seinen Weg – und trifft eines Nachts auf Sophie.

Ihr trauriger Blick erweckt ein seltsames Gefühl in ihm. Er fühlt sich geradezu dazu verpflichtet, sie aus ihrem Kummer zu befreien und sie wieder zum Lachen zu bringen.

Eine ganz besondere Freundschaft entsteht, in der tief vergrabene Geheimnisse einander anvertraut werden. Sie teilen ihr Leid miteinander und versuchen gemeinsam dagegen anzukämpfen.

Doch Jerome ahnt nicht, dass auch Sophie sich als Retterin erweist. Wie weit wird ihre Freundschaft, die nicht nur ein, sondern gleich zwei Leben verändert, gehen?